U0906091

商业银行"思维跃迁"系列丛书

农业银行

扶贫精细化管理

孙军正／著

中国财富出版社有限公司

图书在版编目（CIP）数据

农业银行：扶贫精细化管理 / 孙军正著. — 北京：中国财富出版社有限公司，2020.11

（商业银行“思维跃迁”系列丛书）

ISBN 978-7-5047-7237-4

Ⅰ.①农… Ⅱ.①孙… Ⅲ.①农业银行—扶贫—研究—中国 Ⅳ.①F832.33

中国版本图书馆 CIP 数据核字（2020）第173356号

策划编辑 谢晓绚 **责任编辑** 吴婉素 周 畅
责任印制 尚立业 **责任校对** 卓闪闪 **责任发行** 白 昕

出版发行	中国财富出版社有限公司		
社　　址	北京市丰台区南四环西路188号5区20楼	**邮政编码**	100070
电　　话	010-52227588 转 2098（发行部）		010-52227588 转 321（总编室）
	010-52227588 转 100（读者服务部）		010-52227588 转 305（质检部）
网　　址	http: //www. cfpress. com. cn	**排　　版**	宝蕾元
经　　销	新华书店	**印　　刷**	天津市仁浩印刷有限公司
书　　号	ISBN 978-7-5047-7237-4 / F · 3219		
开　　本	710mm × 1000mm 1/16	**版　　次**	2020 年 12 月第 1 版
印　　张	13.25	**印　　次**	2020 年 12 月第 1 次印刷
字　　数	160 千字	**定　　价**	46. 00 元

前言

中国是超级大国吗？如果从 GDP（国内生产总值）来看，中国位于世界第二，是仅次于美国的超级大国。比第三名日本的 GDP 总值超出一倍还多。随着"一带一路"倡议的提出，中国逐渐成为世界相当有影响力的国家，人民币在国际上的地位也越来越高。

但是，中国是一个拥有 14 亿人口的国家，还有地方没有脱贫。贫困地区的人们生活水平较低，平均教育水平也远低于国内发达地区。如果这些地方不脱贫，将会影响中国的发展。

2020 年 5 月 20 日，新华网刊发了一篇名为《习近平自述："我"的扶贫情怀》的文章，文章中写道："我到一些贫困地方去看，有的孩子都七、八岁了，还在家里待着，没有上学。贫困地区教育一定要搞上去，不能让孩子输在起跑线上，要让他们有受教育的机会，有上大学的机会，再过十年八年能够成为致富能手，起码有本事挣到饭吃，不至于再过穷日子。"扶贫不是一句空话，扶贫是一场战争。只有打赢脱贫攻坚战，才能帮助贫困地区人民脱贫。

在广西壮族自治区有许多地区面临贫困问题。贫困地区的老百姓收入不高，孩子受教育程度低。越是这样，老百姓越难以脱贫。《中国扶贫》杂志社曾经报道了广西壮族自治区的扶贫案例，该自治区结合资源优势，发展县级“5+2”和贫困村“3+1”特色产业。其中：

南宁市良庆区那马镇坛良村进行火龙果的推广与种植，取得了很好的收益，帮助农民朋友脱贫。

三江侗族自治县八江镇布央村的土地非常适合茶叶种植。相关部门联合银行等金融机构，帮助农民朋友种植茶叶，也取得了非常好的成绩。

马山县古零镇一个乡村风景秀丽，非常适合发展旅游产业。在相关部门的组织下，乡村开发旅游项目，也给老百姓带来了实实在在的好处。

都安瑶族自治县龙湾乡加范村开展养牛产业。如今该村养牛产业已经初具规模，未来的发展不可限量。

宁明县城中镇浦瓜村有了自己的电子产品组装生产线，这条生产线同样属于扶贫项目。该项目解决了村民的就业问题，直接帮助贫困家庭脱贫。

崇左市天等县进结镇拥有了自己的扶贫内衣生产车间，当地村民直接在镇上工作，不再外出打工，既帮助了贫困户脱贫，也给当地政府带来了税收。

这样的脱贫案例举不胜举。贫困户脱贫致富，解决了困扰中国社会的一大难题。在这些扶贫案例中，商业银行几乎全程参与了扶贫项目，尤其是中国农业银行，是中国扶贫攻坚的“排头兵”。这本书，是一本合乎时代发展的书，也是一本理论与实践相结合的书，能够指导并帮助其他商业银行开展“精准扶贫”工作，帮助贫困地区脱贫。

与此同时，我十分感谢出版社编辑的鼎力支持。因为你们的细心工作，这本书才得以与读者朋友见面！

孙军正

2020 年 10 月

目录

第一章

精准分析，目标鲜明

第一节　我国扶贫现状

1. 我国扶贫概况

什么是贫困？贫困的定义是生活困难、贫穷。贫困有精神贫困和物质贫困，大多数情况下，贫困人口的贫困二者皆有。

有人问："有没有物质很贫乏，但是精神很富裕的例子？"当然有，但是数量极少。当一个人的物质需求很难得到满足时，其精神世界通常比较贫乏，即使精神需求被满足，可能也会遇到其他问题。

贫困是一种现象，也是多因素导致的。诺贝尔经济学奖得主阿马蒂亚·森认为：贫困的真正含义是贫困人口创造收入能力和机会的贫困，贫困意味着贫困人口缺少获取和享有正常生活的能力。

为了帮助贫困人口脱贫，许多国家都把"脱贫"当成一件大事。在我国，脱贫攻坚是一场必须打赢打好的硬仗。只有帮助贫困人口脱贫，中国才能实现真正意义上的富裕。中国中西部的部分地区，交通不便，经济发展滞后；一些地区土地贫瘠，农作物种植受到了较大影响……多方面因素导致贫困。

贫困类型有很多种，有相对贫困和绝对贫困，有个体贫困和区域贫困，有城市贫困和农村贫困。

我国是一个人口大国，仍旧处于“发展中”阶段。我国目前还有多少贫困人口呢？国务院扶贫办数据显示：自1978年年末至2017年年末，中国贫困人口数量从7.7亿人，下降至3046万人，累计减贫7.4亿人，贫困发生率从97.5%下降至3.1%。其中，2012年至2016年，中国现行标准下的贫困人口由9899万人减少至4335万人，累计减少5564万人。中国农村贫困人口大幅减少，农村累计减贫6853万人，减贫幅度接近70%，年均减贫接近1370万人；贫困发生率直线下降，由2013年的8.5%，下降到2017年的3.1%；贫困地区农民生活水平明显改善，贫困地区农村户均住房面积2017年相较2012年，增加21.4平方米，贫困地区农村饮水无困难农户比重比2013年提高8.3个百分点，2017年达到89.2%。[①]

上述这些数字显示，中国在扶贫方面取得了巨大进步。但是，中国仍旧有许多人口没有脱贫。为了打赢脱贫攻坚战，两会期间，人大代表们也在献计献策，希望国家早日消灭贫困局面，不留贫困死角。

全国人大代表、遵义市委书记魏树旺在两会期间发言：在脱贫攻坚战场上，我们坚持扶贫与扶智扶志相结合，广泛开展“牢记嘱托、感恩奋进”教育和“听党话、感党恩、话脱贫”等活动，教育引导群众从红色基因中汲取力量、从感恩教育中振奋信心。遵义人民不信贫穷宿命，信的是党的好政策、信的是靠双手致富。广大群众大力变“要我脱贫”为“我要脱贫”，演绎了战天斗地的英雄故事，

① 李晨赫，孙吉．国务院扶贫办：中国贫困人口数量从7.7亿人下降至3046万人［EB/OL］．（2019-06-18）［2020-07-06］．http://www.rongmeiti.net/news/shuju/2019/0618/27827.html.

汇聚起无坚不摧的磅礴力量。

扶贫是一项历史使命。脱贫才能富裕，富裕才能国家强盛。

2. 我国贫困人口分布

既然我国还是一个“发展中”国家，贫困人口的分布情况是怎样的呢？国务院扶贫办有一个统计将我国各地区按照绝对贫困划分为三类：第一类是北京、天津、上海、浙江、江苏五省市，几乎消灭了贫困状况；第二类是中部和西南，人口密集区域还存在数量较大的贫困人口；第三类是西藏、新疆、甘肃等地，虽然贫困人口数量不多，但是贫困人口占比较大。

中共中央、国务院发布的《中国农村扶贫开发纲要（2011—2020年）》将六盘山区、秦巴山区、武陵山区、乌蒙山区、滇桂黔石漠化区、滇西边境山区、大兴安岭南麓山区、燕山—太行山区、吕梁山区、大别山区、罗霄山区等区域的连片特困地区和已明确实施特殊政策的西藏、四省藏区、新疆南疆三地州作为扶贫攻坚主战场。

贵州是我国较为典型的贫困大省，山地较多，许多农村自然条件较差。全省总面积中，山地占87%，丘陵占10%，平地只占3%。这与我国东部沿海地区形成鲜明对比。东部平地占地比例较大的省份，贫困现象不那么明显，交通运输便利，农业、工业也十分发达。贵州省有为数不少的贫困县，这些贫困县约有80%的贫困人口生活在山上。与此同时，贵州省农村条件较差，村民受教育程度较低，生活水平较全国平均水平有一定的差距。

截止到2019年年底，我国还有为数不多的贫困县没有摘掉贫困帽，其中贵州 9 个，广西 8 个，云南 9 个，四川 7 个，宁夏 1 个，甘肃 8 个，新疆 10 个。如果继续采取有针对性的扶植政策，因地制宜，一定会摘掉所有贫困县的贫困帽，带领所有人发家致富。

3. 导致贫困的原因

有人说："劳动人民只要肯干，就不会受穷。"是这样吗？现实可能并非如此。贵州某山村是远近闻名的贫困村。该村位于山上，只有一条山路供人们进出，而这条山路如同一条挂壁石梯，人们只能徒步进村，仅进村就需要一个小时。这个贫困村家家户户种地，但是这里的土地十分贫瘠，即使村民非常勤劳，也很难从土壤里刨出"金子"。也就是说，像这样的村子，其贫穷的主要原因是地理问题。在我国，地处山区的偏僻村落，贫困是常态。

中国是一个幅员辽阔的国家，地形复杂多样。还有一些贫困地区地处山区，地质灾害十分频繁。其中有一个山村，其致贫的主要原因是自然灾害。有一个村民说："之前在河谷旁边，我有几亩土地，地里种红薯和青菜。加上家里人重视，这些地养得十分肥沃了。眼看着好日子来了，结果暴雨引发泥石流，我的庄稼地都被毁了！"

因山体滑坡和泥石流损失土地的村民不在少数，粮食绝收，只能受穷。还有一些山村好不容易修了一条山路，结果遭遇山体滑坡，山路再次堵塞。尤其在我国西南地区，如四川、贵州、云南等地，地质灾害等引发贫穷十分常见。想要解决这些地方的贫困问题，恐怕只能帮助村民进行搬迁。

搬迁需要钱和资源，如果他们没有钱和资源，如何搬迁？阻挡他们的，是搬迁所产生的费用。如果没有人或者组织出钱出力，贫困将一直持续。

贫穷的人，受到的教育也是“贫瘠”的。在我国西南地区，许多贫困村的孩子受教育程度不高，甚至初中没有读完就辍学了。一个穷山村的孩子的家长说：“我们买不起书本和文具。”无法接受更好的教育，也就很难改变自己的命运。

有一个贫困村，该村有一个学校，学校一共只有六位教师，其中还有几位教师是支教教师，没有编制，薪水很少。来学校上学的学生都是该村村民的孩子。有一个孩子突然有一天不来上学了。老师找到孩子的家询问家长：“为什么不来上学？孩子一定要读书，只有读书才有希望！”孩子的父亲说：“孩子妈妈身体不好，我一个人照顾不过来，只能让他回来帮忙。”

事后了解，真相并非如此。

这个孩子家庭困难，难以拿出书本费。家长只好选择让孩子回家。在这个村子，因为贫穷而辍学的孩子还有几个。除此之外，一些孩子的家长十分愚昧，他们认为学习没有用，只要能干活就行。还有一些家庭存在“重男轻女”的现象，直接选择让家中女孩退学。

事实上，这样的做法只能让家庭陷入贫困的泥潭。换句话说，错误的观念也会导致贫穷。

在我国，有一些贫困村重视教育，家长想尽一切办法给孩子提供受教育的条件。几年前，安徽的一个贫困村走出去许多大学生。学到知识和技术后，他们中的一部分人回到村子工作，帮助村民致富，通过这样的方式帮助贫困村脱贫。

缺乏知识、眼界和技术，也会导致贫穷。

有一位农村技术员说："懂科学种植技术的村民，在种植作物方面就有明显优势。他们种地，不仅产量高，而且病虫害少，仅种地一项就能提高不少家庭收入。"然而，我国许多贫困山区，有些村民竟然还在采取"刀耕火种"的原始种植方式，收成完全看"老天爷的脸色"。

技术上的贫穷也有很多因素。一方面，农村自己培养的大学生去往经济发达的地区工作，他们不愿意回农村帮扶；另一方面，贫困地区缺乏资源，对科研人员、技术人员、投资商无吸引力。某投资人曾说："选择投资主要看两个方面，一个是资源，另一个是物流。"

另外，有些地方的贫穷是"缺乏"劳动力导致的。四川有一些贫困村，年轻人怕穷，因此选择出去打工，村里只留下孩子和老人。老人劳动能力不及年轻人，顶多能自给自足。外出打工的年轻人，如果在外地混出了名堂，也就直接在外地扎根生活，不再返回农村。也有一些人没有混出名堂，就会选择在农忙时候回家干活，农闲时候外出打短工。一个人想要改变贫困状况，更加需要一份长期的、稳定的工作，通常，打短工是无法改变命运的。

导致贫困的因素有很多，有的是疾病，有的是资源分配不均，有的是地质条件……因此，我国的银行想要进行扶贫，首先需要分析贫困地区致贫的因素，才能因地制宜进行科学、高效、精准扶贫。

4. 贫困现状分析（以云贵川为例）

2020年的两会，国家再次提到“扶贫”，扶贫工作仍然是未来中国的一项重要的工作。经过这些年的扶贫，中国的贫困地区和贫困人口大大减少。2020年5月，据国务院扶贫办消息，农村贫困人口从2012年年末的9899万人减少至551万人；贫困发生率从2012年的10.2%下降至0.6%；97%的建档立卡贫困人口实现脱贫。但尚有52个贫困县未摘帽、2707个贫困村未出列。[①] 由此可见，中国扶贫工作任重而道远。

贵州是我国贫困县较多的一个省份，这些贫困县多数处于山区，交通不便，地质灾害频发。贵州黔西南地区贫困的主要原因是交通不便。

黔西南地区有一个国家级贫困县晴隆县，该县山峦众多，食用菌、中药材产量较大。按理说，有丰富的自然资源，也会给老百姓带来一条致富之路。但是，这个县地处山区，交通不便，许多自然村没有通公路，很难将食用菌和中药材快速运到山外销售。

为了解决这样的问题，晴隆县加强了道路建设，并且由县政府领导干部亲自带头，搭建电商平台，帮助农民销售食用菌和中药材。在强有力的扶贫支持下，晴隆县正在摘贫困的帽子。

四川大凉山地区也是中国较为贫困的地区。该地区是少数民族聚居区，主要少数民族是彝族。彝族是一个能歌善舞的民族，从这里走出去了许多歌星，如吉克隽逸等。但是，大凉山山高路险，自然灾害频

① 李楠桦．还剩52个 决战脱贫攻坚不能停顿［EB/OL］．（2020-05-24）［2020-07-07］．http://industry.people.com.cn/n1/2020/0524/c413883-31721558.html.

繁，而当地老百姓普遍受教育程度较低，生活技能非常单一，加之土地贫瘠，贫穷的现状多年得不到改善。

曾经有记者探访过大凉山的贫困地区，村民普遍住破旧的土坯房，甚至还有人畜共住的场面，其卫生条件也非常差。这里的人们的收入来源是什么呢？种地。

或许有个别年轻人会去城市打工，但多数人选择留下来种地。如果是在平原地区，种地可以给村民带来较为稳定的收入；大凉山不同，这里土地贫瘠，埋下种子，却不一定能收获粮食。另外，大凉山非常偏僻，信息又相当闭塞。许多村民并不知道选择种什么类型的作物，更不懂得如何科学种植、合理种植。最后的结果是，大凉山的村民完全是“靠天吃饭”。

自然资源丰富，原本是一件好事，如果交通出了问题，事情就难办了。有一句唐诗写道：“一骑红尘妃子笑，无人知是荔枝来。”荔枝是非常优质的水果，这几年在市场上一直走俏，且卖价很高。我国的一个山村盛产荔枝，但是，这个山村交通不好，加之荔枝成熟之际，水果大量集中上市。于是，问题出现了。荔枝是一种容易腐烂的水果，如果没有在最短的时间内运出去，就会烂在地里。由于交通不便，这个山村的荔枝多数腐烂，导致许多家庭损失惨重。

在这些贫困村落，许多家庭人均年收入不足700元。试想一下，人均年收入700元，相当于月收入不到60元，日收入不到2元，连坐公交车的钱都不够，更别提其他。在这种恶性循环下，贫困地区继续贫困，贫困地区的居民接受教育的可能性也很低。

四川、贵州、云南等地的贫困县大多是山区贫困县，导致贫困的原因大同小异。想要帮助这些地区脱贫，改善交通状况可能是脱贫工作的第一步，第二步才是金融扶贫、技术扶贫、精神扶贫等。

2020 年,《人民日报》刊发的一篇名为《中央财政扶贫项目资金支出超 790 亿元》的文章提到三个措施：保障重点扶贫项目资金需求；督促扶贫项目加速开工；财政支持扶贫产业复工复产。

如果银行能够了解中国各地的贫困状况，并且对不同的贫困地区现状进行分析，结合自身优势，在国家政策的引导下进行有计划的扶贫，就能帮助贫困地区一步一步摆脱贫困。

5. 贫困地区的现实需求

不同的人群有自己特有的贫困因素，而不同的因素可能导致不同类型的贫困。有一句话说得好：“脱贫的道路上，绝不放弃任何一个人。”不同的贫困家庭、不同的贫困者需要社会和相关部门提供不同的资源、政策、方法，从而满足他们的现实需求。

（1）用地需求。

许多贫困村位于山区，交通不便。为了脱贫，需要对村庄进行整体搬迁。搬迁牵扯的资源非常多，而土地是最核心的需求。如果没有土地，村庄的整体搬迁工作就无法开展。

安置需要土地，农民耕种同样需要土地。在我国，以地为生的农民对土地的需求是非常强烈的。与此同时，与扶贫相关的一切工程、项目也需要土地。因此，用地需求是贫困地区的重要需求。

为了保障脱贫攻坚战中的用地需求，自然资源部提出加强易地扶贫搬迁后续扶持。结合推进新型城镇化建设，将大型城镇安置区及配套教育、医疗、产业设施用地纳入国土空间一体规划；充分考虑易地扶贫搬迁安置空间需求，合理配置各类空间资源；研究出台易地扶贫搬迁安置住房不动产确权登记相关政策，保障搬迁群众对搬迁安置住房的合法权益。因地制宜采取整理、复垦、复绿等方式，实施腾退宅基地整治。

（2）养老需求。

贫困地区还呈现出一个特点，即年轻人大量外出，贫困地区以留守老人居多。一方面，贫困地区的老人收入水平很低；另一方面，大多数老人没有缴纳社保，没有养老金养老。所以，贫困地区的老人有强烈的养老需求。

养老需求分为两类：物质养老需求和精神养老需求。物质养老需求主要指衣食住行需求；精神养老需求主要指情感方面的关怀以及赡养需求。

由于贫困地区的老人收入水平很低，除了满足日常饮食，其他方面很难得到满足和改善。如果扶贫工作能解决老人的“养老收入”问题，就会大大提高他们的物质生活质量。

物质决定意识。如果物质需求得不到满足，精神需求也无法得到满足。贫困地区的老人更加需要情感的呵护，扶贫工作单位也需要帮助他们打造“精神家园”。有一位贫困地区的空巢老人说：“孩子们在外地打工，我哪里也去不了。大家都很穷，都在努力生活。但是我们同样也需要一点精神慰藉，需要情感上的关心与照顾。”如今，有些地方开展“精神扶贫”工作，为贫困地区的老人们建造老年活动中心，让他们来活动中心交友、谈心。如果扶贫工作单位能够让贫困地区老有所依、老有所乐，就能满足贫困地区老人的养老需求。

（3）医疗需求。

贫困地区的医疗水平也相对落后。许多媒体报道，贫困地区还存在“赤脚医生”“走穴”行医的现象，一些人患病之后，无法得到及时、科学的治疗，最后酿成大病。因此，贫困地区对医疗的需求十分迫切。贫困地区的医疗需求主要体现在以下三个方面。

第一，医疗设备需求。众所周知，新冠肺炎疫情期间，ECMO（医疗急救设备）等优秀的治疗设备起到了良好的作用。医疗离不开医疗设备，先进的医疗设备能帮助医生进行精确诊疗，从而造福患者。

第二，医疗人才需求。贫困地区资源有限，吸引人才的能力也十分有限，因此很难吸引到高水平的医疗人才。医疗水平的高低，与医疗人才水平的高低有很大的关系。贫困地区迫切需要高水平的医疗人才，以大幅度提高整体医疗水准。

第三，其他医疗需求，比如服务需求、和其他部门协同的需求。有一些地方，缺乏医疗急救能力；在许多贫困地区，自然灾害比较严重，加之缺乏关于健康饮食的科普服务，居民饮食结构不合理，可能因此患急性疾病。如果医院急救能力不达标，也会耽误治疗时机。

（4）教育需求。

在我国，许多贫困地区的学龄孩子，依旧面对教育资源十分匮乏的尴尬局面。甚至许多山村学校没有自己的老师，而是由个别的志愿者或者个别村民担任老师。因此，这些地区的教育需求也十分迫切。

一方面，贫困地区缺乏教育资源，例如，贫困地区缺少高水平的老师，对教师资源有迫切的需求，扶贫组织要想尽一切办法解决教育资源匮乏的难题。另一方面，部分贫困家庭无力支付孩子的学业费用，相关部门还要解决贫困生上学费用的问题，可以采取适当补助的方式进行。

除了上述四种需求，贫困地区还有资金需求、政策需求、项目平台需求、技术需求……只有全力解决这些难题，满足贫困地区的相关需求，才能进行精准扶贫。

6. 中国扶贫取得的成绩

中国曾经是一个贫穷的国家，可以用“一穷二白”来形容。但经过全国上下齐心协力的奋斗，绝大部分地区已摘掉贫困的帽子。

作家巴尔扎克在《驴皮记》中写道：“在贫困笼罩着的地方，就谈不上贞操和罪行，也谈不上道德和智慧了。”贫穷不是好事，贫穷在某种意义上说是一种灾难。帮助贫困户脱贫，等同于将他们从“魔窟”里拯救出来。在文明社会，中国更应该肩负起这个使命：消灭贫困！通过这些年的努力，中国在扶贫事业上取得了极大的成功。单从数字上我们就能直观地感受到中国扶贫取得的成绩。

2019 年 12 月从全国扶贫开发工作会议上获悉，预计 2019 年全国减少建档立卡贫困人口 1000 万人以上，340 个左右贫困县摘帽。其中“三区三州”建档立卡贫困人口由 2018 年的 172 万人减至 43 万人，贫困发生率由 8.2% 下降至 2%。全国排查出 520 多万人未解决“两不愁三保障”问题，目前已解决 500 万人。脱贫攻坚考核发现诸多问题，其中地方 1094 个问题、中央单位定点扶贫 439 个问题；督查巡查 155 个问题；地方自查发现 5778 个问题。这些问题绝大多数得到了解决。[①]解决这些问题，扶贫的工作才能顺利进行，才能防止这些地区返贫。

上面的数据只是2019年的，2019年之前呢？也有一组数据，这组数据同样体现中国在扶贫攻坚上所取得的巨大成就。2018年是中国扶贫的第五个年头，在党和国家的领导之下，中国在五年内脱贫近7000万人。具体如下：2013年至2017年，农村累计减贫6853万人，减贫幅度接近70%，年均减贫幅度接近1370万人。2017年较2012年，贫困地区农村居民户均住房面积增加了21.4平方米；2017年较2013年贫困地区饮水无困难农户比重提高了8.3%；2017年贫困地区农村居民人均可支配收入为9377元，扣除价格因素，与2012年相比，年均实际增长10.4%，比全国农村平均增速高2.5%；2017年贫困地区农村居民人均消费支出为7998元，扣除价格因素，与2012年相比，年均实际增长9.3%。

贵州省是我国贫困区域较为集中的省份。这些年，贵州省脱贫攻坚战取得了巨大的胜利，2020年3月，贵州省人民政府发布《省人民政府关于同意正安等24个县（区）脱贫退出的批复》，原则同意正安县、水城县、关岭县、七星关区、织金县、松桃县、思南县、德江县、黄平县、岑巩县、天柱县、锦屏县、黎平县、台江县、剑河县、长顺县、独山县、三都县、荔波县、平塘县、罗甸县、贞丰县、普安县、册亨县脱贫退出。

还有数据显示，党的十八大以来，贵州贫困人口从923万人减至30.83万人，减贫人数全国第一，贫困发生率从26.8%降至0.85%。

① 马爱平.2019年我国减少贫困人口超1000万[EB/OL].(2019-12-23)[2020-07-07].http://tech.qianlong.com/2019/1223/3470228.shtml.

这些年，贵州省采取产业扶贫、就业扶贫、教育扶贫、科技扶贫、健康扶贫、易地搬迁扶贫等方式，帮助贫困地区发挥产业优势、打造平台，形成十二大农业特色优势产业项目。在解决“两不愁三保障”问题上，贵州几乎实现了建档立卡贫困家庭辍学学生动态清零，帮助贫困地区改造危房、筑路修路、改善医疗卫生条件，并且基本解决了 288.24 万人的饮水安全问题。

云南省也是中国脱贫主战场之一，近几年也取得了突出成绩。其中，2019 年云南全省产业覆盖贫困户共计 169.01 万户，占有产业发展条件贫困户的 99.48%，基本实现产业到户全覆盖；云南全省带贫农业龙头企业 4624 个，带动贫困户 71.34 万户；带贫农民专业合作社 1.82 万个，带动贫困户 114.3 万户；云南全省遴选、聘用产业发展指导员 2.86 万人，对贫困户开展面对面的生产经营指导服务，依托各级农业科技人员队伍，组建 436 个专家组，与 88 个贫困县建立了农业科技对口帮扶机制；云南全省共有 2.95 万个新型农业经营主体参与产业扶贫，带动有产业发展条件的贫困户 165.71 万户，主体带动率 97.54%。云南省实现了一项壮举，即 2019 年全省贫困地区农民人均可支配收入 10771 元，首次突破万元大关。[①]

值得惊喜的是，云南在“电商扶贫”方面取得了突出成绩。2015 年以来，云南全省共建 81 个县级电商公共服务中心，710 个乡镇电商服务站，5576 个村级服务网点，电商扶贫服务网络覆盖建档立卡贫困村 3378 个，带动贫困人口创业就业 68.95 万人；在重点打造的“一部手机云品荟”平台上，开设线上扶贫专栏，对接贫困县

① 龙彦，赵家琦 . 2019 年云南有 90.4% 的贫困户从产业扶贫中获得收入［EB/OL］.（2020-03-25）［2020-07-07］. http://yn.yunnan.cn/system/2020/03/25/030626679.shtml.

“三品一标”企业，实现624户生产企业、678个品牌、6705个品类入驻。[①] 据中国新闻网报道，2019年，云南全省农村网络零售额517.98亿元，增长36.36%，高于全国10.75%，农村网络零售额五年来增长了近20倍。

数据是最直接、最令人信服的，当然还有许多方面是没有罗列出来的，如贫困地区教育水平和医疗水平逐年提高，养老问题逐渐改善，贫困地区农村居民的幸福指数也有了显著提高。

① 李丹丹. 云南省决战决胜脱贫攻坚第二场新闻发布会举行[EB/OL].(2020-03-26)[2020-07-07]. http://www.km.gov.cn/c/2020-03-26/3445864.shtml.

第二节　扶贫的意义

1. 为什么要扶贫

许多人都会问出这个问题——为什么要扶贫？世界各国都有自己的“贫困”问题，有的国家重视扶贫，有的国家不重视扶贫。中国是一个发展中国家，也是一个从贫困与战火中走出来的国家，虽然“地大”，但是称不上“物博”，一些资源十分匮乏，且部分资源分配不均。

我国东部地区发展较快，各种资源也相对丰富，许多省份早就甩掉了贫困的帽子。与东部相比，我国西部部分地区海拔高，交通不便，难以发挥优势，因此发展缓慢，有为数不少的县没有脱贫。

有句话叫“东部带动西部”，东部发达地区应该对西部欠发达地区进行“经济带动”。如果东西部发展差距较大，就会出现严重的发展不平衡的问题，发展不平衡的问题将会带来以下五个方面的影响。

（1）对经济的影响。

如今，东西部存在较大的经济差距，如果差距继续加大，经济的“天平”就会失衡，与经济相关的问题就会产生，并直接影响国家的发展和建设。

（2）对资源的影响。

东部发达地区对资源的需求更多、更大，为了满足东部发达地区的资源需求，西部可能进一步加大开发力度，甚至竭尽全力供应东部。换言之，这种资源的倾斜也会加深东西部发展不平衡的程度。西部地区由于开发过度，资源耗尽，更加不利于当地经济的发展。

（3）对居民收入的影响。

东部地区的居民平均收入要明显高于西部地区的居民平均收入……当发展不平衡，资源大量流向东部，没有了资源优势，西部地区的经济发展将会遇到更多问题，以至于居民收入深受影响。东西部居民收入差距越大，问题可能就越多。

（4）对交通的影响。

在我国，东部地区的交通十分发达，高速公路、高铁等的建设，让许多区域形成了“经济发展走廊”，加速了物资流通速度。实践证明，交通的发达程度与经济的发展程度成正比。但是西部部分地区由于地形复杂，交通并不发达，物资流通速度缓慢，发展速度也相对缓慢。

（5）对教育的影响。

在我国，东部地区与西部地区的教育资源也有明显区别。有人说：“教育决定生产力，如果教育存在差距，东西部地区的差距也会越来越大。”

扶贫，首先需要缩小地区间的差距。历史证明，贫富差距过大会引发严重的问题，给国家建设和发展带来阻力。

有一个词叫“穷根子”，如果“穷根子”不拔，贫困将会一代传一代，不仅会影响区域经济，还会影响国家的整体形象。

国家主席习近平指出：贫穷不是社会主义。如果贫困地区长期贫困，面貌长期得不到改变，群众生活长期得不到明显提高，那就没有体现我国社会主义制度的优越性，那也不是社会主义。因此，脱贫是必须要做的工作。

记得2019年，有一位贫困地区的村民对我说："我们的国家即将达到小康水平，而我们还在为一口饭挣扎，这是为什么？"这个问题很尖锐，而且不容易回答。贫困是一个国家的伤口，贫困一天不消除，伤口就会一直流血。许多人看到贫困地区的面貌，都会感到心痛。贫困地区的人们，为了"生存"而不得不继续忍受贫穷，有人问："为什么别人富了，我们还在受穷？"习近平表示：让人民过上好日子，是我们一切工作的出发点和落脚点。我们将坚持在发展中保障和改善民生，不断满足人民日益增长的美好生活需要，不断促进社会公平正义，使人民获得感、幸福感、安全感更加完善、更有保障、更可持续。

健康的社会不应该有那么多贫困人口，扶贫是为了国家建设和发展，为了改善民生，为了让人民拥有幸福美满的生活，也是给人民的一个"承诺"。用扶贫的方式践行社会公平、正义，能促进社会的健康发展。

2. 扶贫的具体意义

扶贫不只为了"脱贫"，也不只是为了实现"全面现代化"而采取的措施，更是为了改善民生。对于国家而言，为人民服务是根本。如何才能体现为人民服务的精髓呢？消除贫困，让贫困人口富裕起来，让贫困地区富裕起来。脱贫工作是一项复杂的、烦琐的工作，放眼世界，中国取得了巨大的成功。扶贫到底有哪些具体的意义呢？

（1）体现社会主义优越性。

社会主义优越性是什么？扶贫工作是体现社会主义优越性的工作部署之一。它从以下几方面体现社会主义优越性。

① 实现人民民主专政，让人民成为国家的真正主人，使人民的利益得到保证。如何才能让人民当家做主？首要任务是脱贫。

② 保持社会公平正义，使人们的劳动合法权益受到保护。扶贫工作就是解决分配不合理的问题，让一部分人先富裕，再让富裕的人带动贫困地区的人脱贫，继而体现社会主义优越性。

③ 社会主义制度具有一种强大的组织力，具体表现是可以集中力量办大事。扶贫是一项艰巨的工作，如果能够实现扶贫攻坚壮举，将向全世界展示这种伟大的组织力。

④ 社会主义制度可以提高物资的调配速度。而贫困地区之所以贫困，恰恰是因为物资调配速度慢。因此，消灭贫困，可以实现社会主义现代化建设，体现社会主义优越性。

（2）建设小康社会。

小康社会是什么样子的？可以用六个“更加”来形容，即经济更加发展、民主更加健全、科教更加进步、文化更加繁荣、社会更加和谐、人民生活更加殷实。全面建成小康社会，首先要消灭贫困。

贫困带来的后果是怎样的？也是六个“更加”，即经济发展更加缓慢、民主建设更加漫长、科教发展更加缓慢、文化建设更加缓慢、两极分化更加明显、人民内部矛盾更加复杂严峻。

建设小康社会，就是建设富强民主的社会主义国家。扶贫的意义在于建设小康社会，只有实现了小康，国家才能真正走向强大。

（3）加快推进农村农业现代化。

中国贫困在郊区，郊区贫困在农村。截止到2020年3月，中国还有52个县没有摘掉贫困帽，这些贫困县农业发展落后，贫困农民掌握的劳动生产技术落后，生产力低下，也就无法从土地里得到财富。

如今，一方面利用资金扶持，另一方面利用技术扶持。给贫困农民资金和技术，提升他们的劳动技术水平和劳动效率，让贫瘠的土地里长出“金子”。与此同时，在加快推进农村农业现代化的基础上，注重传统村落的维修与保护，将文化、生态结合在一起，将现代文明与农耕文明相结合。

（4）提升人民的幸福指数。

众所周知，人民的幸福指数对一个国家的建设、发展有至关重要的作用。如何才能提升人民的幸福指数呢？我想，其中一个重要途径是脱贫。

贫困是一个国家的“伤疤”，有了这个“伤疤”，就会产生不和谐的声音。只有帮助贫困人口脱贫，提升人民的幸福指数，这种不和谐的声音才会减少。因此，国家和相关部门要继续想办法提高贫困人口的收入，让他们接受更好的教育，让他们充分感受国家给予的关怀。贫困地区脱贫，人民幸福指数提高，国家社会环境也会得到改善，人们就能过上更幸福的生活。

（5）巩固革命成果和党的地位。

中华人民共和国成立七十多年，也给出了一个答案：没有共产党，就没有新中国。坚持和发展社会主义，坚持党的领导，巩固党的地位，如同固本。扶贫是项伟大的工作，脱贫也是巩固党的革命成果和党的核心地位的重要方式。想要实现全面社会主义，就要从扶贫入手，充分发挥党的优势，集中力量办大事，集中力量做好扶贫攻坚工作，发挥“啃硬骨头”的精神，带领所有人奔小康，一个人也不能少……只有这样，国家才能更加强盛，人民才能更加团结。

脱去贫困，国家才能更自信，才能在国际上拥有更高的地位。穷，就可能被人瞧不起；富裕了，才能真正站起来。文化自信对一个国家而言，无比重要。文化自信也是社会主义核心价值体系的根本。社会主义的核心价值观是什么？是富强、民主、文明、和谐、自由、平等、公正、法治、爱国、敬业、诚信、友善。只有实现脱贫，才能建立文化自信，才能体现社会主义核心价值观。

3. 扶贫的内涵和要求

扶贫是一项技术含量极高的工作，要讲究精准扶贫。“手榴弹炸跳蚤”是不行的，这样会造成极大的浪费。

“好钢用在刀刃上”，即使只有一元钱，也要把它用到最关键的地方。扶贫款不是大风刮来的。扶贫的真正内涵是什么？扶贫要精准，扶贫要体现“对症下药、药到病除”！

2013 年，国家主席习近平去湖南湘西考察，首次提出了精准扶贫。2015 年，他在贵州考察时，进一步就扶贫开发工作提出“六个精准”，即扶贫对象精准、项目安排精准、资金使用精准、措施到户精准、因村派人精准、脱贫成效精准。

第一，扶贫对象精准。到底哪些人才是真正需要帮扶的贫困对象呢？扶贫干部要设定“门槛”，在贫困地区进行走访调查，全面了解贫困对象，有针对性地帮扶真正需要脱贫的贫困对象。

第二，项目安排精准。历史上，南辕北辙的例子太多了，如果在沙漠里种植喜欢雨水的作物，就会出现严重错误，并造成损失。精准扶贫要因地制宜，根据贫困地区的实际情况安排扶贫项目，培养相关人才，充分发挥贫困地区的资源优势，继而起到精准扶贫的作用。

第三，资金使用精准。修路的钱只用来修路，发放的种子补贴、化肥补贴就要用在种子、化肥上。如果资金用错了地方，就可能被白白浪费掉。资金使用精准才能体现扶贫的价值。用一句话形容：“花最少的钱，办最大的事！”虽然扶贫不是做生意，但仍旧要考虑成本和收益。另外，中国是一个发展中国家，扶贫资金来之不易，一定要精打细算，每一笔钱都要用对地方。

第四，措施到户精准。精准扶贫是一项科学工程，科学的工程需要科学决策和科学措施。安徽省黄山市徽州区采取教育扶贫、生态扶贫、就业扶贫、基础设施建设扶贫、社保兜底扶贫、健康扶贫等措施，取得了显著的效果。由此可见，只有实施到位的措施，才能产生精准扶贫的效果。

第五，因村派人精准。因村派人是精准扶贫的关键，只有打造“不走的扶贫队伍”，才能在贫困地区扎根。建立扶贫根据地，从而帮助贫困村脱贫，并防止其返贫。另外，不同的农村有不同的“特色”，让适合该“特色”的帮扶人才驻村，才能起到人尽其才的效果。

第六，脱贫成效精准。中国扶贫攻坚多年，积累了许多扶贫经验，这些扶贫经验是否适用于每一个地方，还需要科学分析。在进行扶贫之前，扶贫工作组要全面了解贫困地区的致贫问题。只有逐一解决致贫问题，才能有效帮助贫困地区脱贫。有些地方采取“三排查三清零”的方式，取得了良好的效果。所谓“三排查三清零”指的是排查政策落实，脱贫任务清零；排查存在问题，整改任务清零；排查长效机制，漏点短板清零。

清楚了扶贫的内涵，那扶贫要求又是什么？对于扶贫组织、扶贫干部来讲，必须要清楚地认识扶贫要求。党的十八大以来，国家主席习近平不断提出扶贫要求，这些要求既是工作要求，也是组织开展扶贫工作的指导思想，2018年，《求是》杂志刊文《脱贫攻坚的科学指引和行动指南》，从七个方面重点阐释了习近平总书记关于扶贫工作重要论述的理论内涵。

战略任务：与实现党的第一个百年奋斗目标紧密相连。

政治保障：坚持党的领导。

科学方法：贵在精准，重在精准。

工作格局：动员社会各方面力量共同向贫困宣战。

脱贫主体：贫困群众。

脱贫质量：脱真贫、真脱贫。

全球减贫：支持和帮助广大发展中国家特别是最不发达国家消除贫困。

除了上述要求，每一个贫困地区还要提出符合实际条件的扶贫要求。如我国某贫困县提出的脱贫要求是制定扶贫标准，确保排查清仓到底，坚持“三保障”和“八不进”。然后进行结对帮扶，明确规定专项资金专项使用，严肃纪律、强调作风，以更加务实的工作作风深入扶贫实践工作，严肃追究相关责任人，以攻坚姿态完成扶贫任务。

扶贫的内涵和要求给广大扶贫工作单位提供了思路和方向，金融扶贫同样需要了解扶贫内涵，严格按照要求去扶贫。只有这样，才能不辜负党和国家的期望，将扶贫工作落实好。

4. 扶贫的落脚点

如何才能做好扶贫工作？有一位扶贫干部总结心得："光说不练假把式，多办实事才是扶贫的落脚点！"

是的，扶贫是一项需要扶贫工作者脚踏实地、尽心尽力完成的工作。用当下很流行的一句话形容：干就完了！现实中，有个别扶贫干部工作浮夸，想得多、做得少，给人们留下了不好的印象。个别扶贫干部给贫困村民画大饼，但是画饼不能充饥，画得再好，也终究不是真的饼。只有给贫困村民带来实实在在的"饼"，才能真正扶贫。还有个别扶贫干部异想天开，总是把一些不切合实际的目标摆进扶贫工作中。浮夸之风若不消灭，扶贫工作是无法开展的。

有人总结道："扶贫工作如同爬树，要一下一下往上挪，每挪一下都要非常小心谨慎。"扶贫工作就是如此，问题要一个一个地解决，饭要一口一口地吃。另外，扶贫工作中琐事很多，扶贫干部要有耐心，要细心，还要多用心，有了这"三心"，才能把扶贫工作落到实处。

多办实事就是要求扶贫干部戒骄戒躁，少画饼，多做事。需要你冲锋陷阵的时候不要当逃兵，需要你修炼内功应对“贫困病”的时候，就要勤勤恳恳。脱贫攻坚是啃硬骨头，扶贫干部要做好艰苦奋斗的准备。

扶贫工作的一个落脚点是发展扶贫产业。如何才能帮助贫困地区脱贫呢？我想，发钱是远远不够的。还记得相声《懒汉糖葫芦》吗？扶贫干部给懒汉补贴，结果他没有用来购买种子、化肥，而是买酒喝。扶贫干部给他安哥拉种兔让他搞养殖，结果他宰杀了兔子炖了肉下酒。这样的扶贫，出发点是好的，但是达不到脱贫的效果。

直接发放扶贫款不如发放种子化肥，与贫困农户签订合同，让他们按照合同执行；要对贫困农户的后续行为进行监督。扶贫款不是用来养懒汉的，而是用来脱贫的。

有一个地方农行，其扶贫方式主题突出，目标鲜明——帮助贫困村发展扶贫产业。该贫困村盛产山货，但是交通不便，如果山货长期运不出去，就会腐烂变质，农户就会赔钱。这家农行派出扶贫工作组，帮助贫困村做两件事：修路和卖货。

修路解决物流问题。只要路修好了，运输的问题就能解决。于是，这家农行想办法给贫困村投资修路。半年之后，一条崭新的水泥路就修好了，水泥路与国道相连，相当于打通了脱贫“穴道”。交通问题解决了，接下来就要发展与山货加工相关的扶贫产业。

这家农行在农村搞起了“产业孵化器”，然后给村民们金融扶植，教他们技术，让他们深加工自己的农副产品。半年之后，这里的村民自发形成了一条“农业深加工产业链”，各种产品多达上百种。山楂种植户加工山楂片、山楂饼和山楂糕，柿子种植户加工挂霜柿饼。另外村民对一些山货进行了深加工，生产了蘑菇酱等。产品上线了，如何销售呢？

这家农行也替他们想好了。一方面，农行通过自己的渠道帮助他们销售农产品。另一方面，农行为他们联系了电商平台，不仅卖出了产品，还给电商平台增加了商品品种，一举两得。农行通过这样的方式，对该贫困村进行了精准扶贫，并帮助农户脱贫。现如今，这个村子早已脱贫，人均年收入超过了一万元。

扶贫还有一个落脚点就是提高贫困户的收入，让他们过上幸福生活。古人言：“授之以鱼不如授之以渔。”钱能解决暂时的饥荒，无法解决长久的饥荒；技术却可以解决长久的饥荒。要向贫困农户传授技能，让农户拥有不断赚钱的本事。

曾经有一个贫困村推广蔬菜大棚种植技术。村民没有钱建大棚该怎么办？扶贫干部帮助村民联系到投资商，投资商与农户签订协议，然后投资兴建蔬菜大棚。签订合同的农户，成了投资商的大棚工人，按照绩效领取工资。掌握技术的农户还可以与投资商签订承包协议，每年向投资商交纳一定的费用，进行承包经营。通过这样的方式，农户找到一条脱贫之路，投资商也从蔬菜大棚上赚到了钱。

后来，有一些拥有技术的农户有了自信，想要自己当老板。

银行给他们优惠的贷款政策，他们从银行贷款搭建蔬菜大棚。如今，这个贫困村形成了蔬菜种植、家畜养殖、食品深加工产业链。村民掌握了技术，找到了不断赚钱的路子。当然，引路人和铺路人是扶贫干部，他们找到了扶贫工作的落脚点，真抓实干，彻底改变了贫困村的贫困面貌。

第二章

打造扶贫精细化管理体系

第一节 扶贫的五大机制

1. 精细化管理机制

扶贫需要管理机制吗？在我看来，扶贫是一项复杂的管理工作，扶贫办相当于一个企业的核心管理部门。想要做好扶贫工作，一定要有扶贫管理机制。建立管理机制的目的有三个：第一，形成机制管理模式，使扶贫工作依照机制运转，提升扶贫管理工作效率；第二，机制是工作原理，有了扶贫机制，也就有了扶贫原理；第三，扶贫管理机制可以把扶贫计划和扶贫的具体工作统一起来，形成一种相互协调、相互监督的关系。扶贫管理机制有很多，其中精细化管理机制是扶贫五大机制之一。

（1）精细化管理。

什么是精细化管理呢？管理大师泰勒首先提出精细化管理的概念，精细化管理主要体现在以下五个方面。

第一，工作定额。没有定额，也就没有清晰的目标。扶贫工作组进行扶贫，一定要有工作定额。在这方面，中国农业银行做得非常好。有了定额，有了可测量的数据，才有真正的目标和管理价值。

第二，能力与工作相适应。在扶贫工作中，有许多扶贫岗位，每一个岗位都要由能胜任岗位工作的员工担任。如果员工的能力与工作岗位不匹配，无法胜任，也就无法完成扶贫工作。

第三，制定标准。精细化的前提是标准化，没有衡量标准，也就无法判断工作完成的质量，甚至无法准确了解工作完成的进度。扶贫也是如此，相关部门要制定扶贫的标准，并严格按照标准去执行。

第四，设定绩效。有人说："要把扶贫工作当作企业管理工作来抓，必须要给每一名工作人员设定绩效，用绩效考核。"事实上，绩效考核是提升员工工作执行力的方法。精准扶贫还有一个特点是高效。扶贫必须"高效"，才能体现精准。

第五，计划与执行分离。用一个词概括就是"管办分离"。制订计划和方案的人只负责制订工作，负责执行方案和计划的人只去做执行工作。大家要保持同一个目标，互不干涉。换言之，这种各司其职的管理方式更加高效、纯粹，更能体现管理与执行的优势。

（2）"八化"管理原则。

扶贫精细化管理机制还要体现出"八化"，也就是人们经常提到的"八化"管理原则。

第一，细化。一定要在扶贫中有"细节"上的体现，任务要细化，目标要细化，与扶贫相关的工作能细则细。如果能够做好"细化"工作，就能减少工作中的漏洞。

第二，量化。扶贫工作是一个需量化考核的工作，对贫困村进行扶贫，要有可量化的数据，如多长时间完成怎样的进度等。有了量化的数据才能进行绩效考核，否则无法开展绩效管理工作，也就无法体现扶贫工作的"效率"。

第三，流程化。扶贫需要流程吗？当然需要流程，扶贫工作是“一板一眼”的，要严格按照流程去做。另外，流程提供了标准，按照流程做事，就会减少“主观人为”缺陷引发错误的概率。

第四，协同化。扶贫需要高度协同，需要处于不同岗位和环节上的扶贫工作人员相互配合，协同一致。扶贫工作组如同一只机械手表，手表中的零部件高度协同，手表才能“精准”走时。协同化是一种“配合”，扶贫工作人员配合越默契，扶贫工作的效率也就越高。

第五，模板化。许多知名企业都有自己的模板，且模板不止一套。不同的模板适合不同的环境，模板提供了一种标准，便于扶贫人员进行选择性使用。但需要强调，模板不可套用，使用前要进行科学论证。

第六，标准化。前面我们已经提到了标准的重要性，如果扶贫工作没有管理标准、操作标准、服务标准，扶贫工作就会走样。制定标准的意义在于，以标准规范扶贫工作。

第七，实证化。任何工作都要能“实证”。无法进行“实证”，就有可能存在严重的逻辑错误和工作漏洞。绩效评估实证化，就是要求所有的工作人员从事实出发，以事实为依据，脚踏实地去扶贫，不脱离实际，注重数据整理。

第八，严格化。严格按照以上“七化”进行工作部署与分配，就能把扶贫中的所有工作分解并落实到位。只有严格按照工作计划、工作目标去做，严格规范自己的行为，才能把工作做好。

俗话说：“贵在专，贵在精。”专业化扶贫也体现在“精”上。如果我们的扶贫工作组能够坚持精细化管理的扶贫思路，能像管理企业那样去管理扶贫工作，避免各种疏漏与错误，就能将扶贫工作落实到位。

2. 驻村帮扶机制

有这样一句话："只有亲临现场，才能做好事情。"虽然我已经忘了这句话的作者和出处，但对这句话印象深刻。扶贫也是如此，远程遥控式的扶贫不会有太好的效果。扶贫部门想要进行精准扶贫，就要采取驻村帮扶的方式亲临现场，找到致贫原因，然后进行"现场扶贫"。

在驻村帮扶方面，贵州的农行做得十分出色。2018 年，农行贵州威宁支行响应扶贫号召，派扶贫干部去贵州省威宁县石门乡新和村担任驻村第一书记。驻村干部名字叫浦应明，当他来到贫困村，就开始了驻村帮扶工作。据报道，浦应明书记帮助贫困村通水、通电、通路，并且根据贫困村的特色，因地制宜，带头发展"魔芋产业"，用实际行动展示了一名驻村帮扶干部的形象。

2020 年春节期间，浦应明书记提前结束假期，第一时间奔赴贫困村进行抗疫。有人问："抗疫能扶贫吗？"抗疫也是扶贫，只有帮助村子走出疫情阴影，村子的扶贫项目才能正常运营。抗疫期间，浦应明书记挨家挨户对返村农户进行排查，并且签订协议书，发放宣传单。在抗击疫情的同时，他鼓励大家坚持扶贫攻坚。浦应明书记用自己的实际行动帮助贫困村进行脱贫。现在，这个贫困村已经进入了脱贫的"阳光快车道"。

这样的案例还有很多，坚持驻村帮扶机制是有效开展扶贫工作的重要前提。驻村帮扶机制有以下优点。

（1）形成联动。

如果上下形不成联动，工作就会脱节。驻村帮扶，可以有效地将上下串联起来，形成联动关系，进而构建起高效的扶贫管理体系。这样的体系帮助形成有效的运转机制，每一个环节都可以进行有效管控和有效调控，形成一个管理“环”。

（2）明确责任。

现实中，许多企业管理者喜欢采取“遥控指挥”的方式去管理工作，但这种方式不适用于扶贫工作。远程操作是一种不务实的管理操作方式，在不了解实际情况时，远程指挥会带来许多漏洞。只有现场办公，现场指挥，才能了解事情，明确责任，确保扶贫工作“到位”，形成一种扶贫的合力。

（3）强化投入。

扶贫不仅需要用心用力，还需要全情投入。如果扶贫干部进行驻村帮扶，则其对扶贫的投入也将更加有力。一方面，扶贫干部了解实际情况，更加了解帮扶所需要的资金，可随时进行申请、上报；另一方面，扶贫干部的工作情感投入更加充分，能够体现全心全意为人民服务的精神。

（4）搭建平台。

帮扶需要帮扶平台，而帮扶平台的搭建要靠扶贫干部亲力亲为。通常来讲，驻村帮扶的干部领头形成帮扶班子，然后对班子成员进行工作分配，形成帮扶体系。体系形成之后，再对平台进行搭建。帮扶平台有什么用呢？方便上下沟通。

（5）激发热情。

所谓“全情”工作，就是指工作要有热情和激情，这样才能做好扶贫工作。遥控扶贫是很难唤醒扶贫斗志的，驻村帮扶更有利于唤醒扶贫斗志。从精神角度看，驻村帮扶可以有效唤醒扶贫人员的工作激情和热情，让他们全情投入扶贫，并从中获得荣誉和价值。

（6）有效监督。

驻村帮扶也有一套行之有效的“监督机制”，在村子里进行现场工作，不仅可以自我监督，还可以接受村民的监督。这种“监督机制”让帮扶工作更加透明、高效、精准、有力。还有一些部门，进入村子后便建立帮扶督察组，对扶贫工作进行现场督查，并将帮扶工作纳入考核，对参与考核的帮扶人员进行考评打分，形成综合性的考核评价。

（7）把握政策。

扶贫政策是指导方向，也是“条件”。若要正确解读扶贫政策，并按照政策进行扶贫，就要进入贫困村进行现场办公。因此，驻村帮扶有利于驻村扶贫人员正确解读扶贫政策，从而确保扶贫政策的精准实施。

（8）加强沟通。

俗话说：“沟通是一切。”如果没有良好的沟通，也就无法进行扶贫工作。驻村帮扶，就是亲临现场与相关人员进行沟通，帮助扶贫工作落地，形成帮扶“攻坚团队”。

（9）提高效率。

现场督办式工作不仅能起到扶贫监督的作用，而且能通过沟通等方式了解扶贫中存在的问题。这有利于有针对性地解决问题，提升精准扶贫效率。

总之，驻村扶贫机制是一套有效的扶贫管理机制，也是多年以来扶贫工作组总结出来的宝贵经验。采取驻村扶贫机制，是有效开展精准扶贫工作的基础。

3. 扶贫项目监督机制

无论做怎样的项目，都要有监督。如果没有监督，就会缺少一种“督促”力，权力就会存在“滥用”的风险。扶贫是国家大事，扶贫工作是国家转折时期的一项重要工作。如此重要的工作，更加需要项目监督机制来监督、制约，从而创造出透明的、高效的执行环境。

中共十九届四中全会上,《学习领会十九届四中全会精神⑤：完善权力运行制约和监督机制》对监督机制进行了诠释。党的十六大报告要求,“加强对权力的制约和监督。建立结构合理、配置科学、程序严密、制约有效的权力运行机制，从决策和执行等环节加强对权力的监督，保证把人民赋予的权力真正用来为人民谋利益”。党的十七大报告提出：“要坚持用制度管权、管事、管人，建立健全决策权、执行权、监督权既相互制约又相互协调的权力结构和运行机制。”党的十八大报告提出：“确保决策权、执行权、监督权既相互制约又相互协调，确保国家机关按照法定权限和程序行使权力。”党的十九大报告要求,“加强对权力运行的制约和监督，让人民监督权力，让权力在阳光下运行，把权力关进制度的笼子”。

建立健全扶贫项目监督机制，是为了建立结构合理、配置科学、程序严谨、制约有效、相互协调、阳光高效的扶贫运行机制。建立健全扶贫项目监督机制，有以下五大优势。

（1）权责法定。

权责法定意思是“管住官，管住权”。如果扶贫期间，扶贫干部搞官僚主义，扶贫工作又该如何进行？如果扶贫期间，扶贫干部滥用职权，扶贫进程又该如何保证？只有给官员和权力一个“笼子”，才能有法可依，执法有保障。职责法定是政府行使职权的基本法则。职权法定通常是指任何行政权的来源与行使都必须有明确的法律依据，否则便越权、无效。

（2）分事行权、分岗设权、分级授权。

设置扶贫项目监督机制，不是为了层层设卡，而是为了让权力得到监督，让权力更加直接、有效。

分事行权、分岗设权、分级授权就是在扶贫工作内部按照事、岗横向分权，按照层级进行授权。事实上，这样的权力设置并非“一级压一级”，而是职权分明，并且能够形成一个扁平化的管理体系。在不同的岗位做不同的事，每个岗位都有明确而清晰的职权划分，这样设置是为了有效防止权力集中造成的腐败。另外，每个人都有自己的责权，出了问题就会被问责。这样的设置既可以控权，又可以督促每个人认真工作。

（3）明确权力边界。

在企业管理中，明确权力边界是做管理最重要的一环。如果权力边界不清，就会导致两大问题：第一，越权，越权是导致腐败的重要因素，越权还是一种行政干扰，让扶贫工作变得被动；第二，推诿，如果出了问题，或者遇到难啃的骨头，一些部门和工作人员可能想尽办法推诿责任，继而导致问题迟迟得不到解决。如果出了问题，没有清晰的权力边界，也就无法找到责任人，继而让扶贫工作变得被动，甚至让扶贫工作迟迟无法开展。

（4）规范流程。

监督不是为了制约，而是为了规范。凡事都有规矩，如果没有规矩，就无法确保工作顺利完成。如今，许多企业都采取流程管理，要求工作人员按照工作流程去办事。流程是一套科学程序，本身就是一种“控权”方式，用来规范人的行为。有人问：“流程可以被打破吗？”当然可以被打破，如果新流程比旧流程好用，就要用新流程替代旧流程，或者在旧流程的基础上进行创新、升级。科学流程不但能够规范人的行为，而且可以扼制腐败的产生，减少人为干涉的可能性。

（5）制约权力。

权力是个好东西吗？如果把权力放在一个“为人民服务”的公仆手里，权力能得到充分的利用，并可以转化为效益；如果权力落入野心家、阴谋家的手里，权力就会被滥用，继而产生腐败，影响全局，甚至损害人民的利益。建立健全扶贫项目监督机制，就是为了制约权力，让管理者合理用权，适当用权，把权力当作“惠民生”的工具，而不是用它为自己敛财。

建立健全扶贫项目监督机制能实现权力的制度化、流程化、规范化，让权力在透明的环境下发挥作用。

4. 投入保障机制

扶贫是一项投入巨大的工程，相当于花钱盖一座摩天大楼。投入，就要有产出。常言道：“付出就要有收获。”国家扶贫投入的每一分钱都不是大风刮来的，是纳税人辛辛苦苦的劳动成果。就像修建蓄水池，里面的每一滴水都要起到作用。如何才能让蓄水池里的每一滴水都起到作用呢？要提供保障性“管理”，让每一滴水都能流淌到最需要它的地方。因此，扶贫需要投入保障机制，让每一分钱都有保障，确保每一分钱都能用在刀刃上。如何才能打造投入保障机制呢？中国农行某支行在为某贫困村扶贫的时候，取得了良好的进展，现将工作经验总结如下。

（1）形成扶贫投入保障机制工作小组。

该农行支行派孙某进入贫困村进行帮扶，然后根据实际工作情况形成了帮扶队伍，成立了几个部门。部门正式成立之后，银行成立了以孙某为组长的扶贫投入保障机制工作小组，规定小组组长为该机制的第一责任人，副组长具体落实管理工作，小组成员执行任务。

（2）明确扶贫投入保障机制的意义。

为什么要成立扶贫投入保障机制工作小组呢？一方面，确保每一分钱都用到扶贫上，且每一分钱的“流向”都要清楚。另一方面，让每个人付出劳动后都能看到收获。除此之外，工作小组形成了“促进机制”，对小组成员进行工作促进，形成积极的、热情的工作氛围。

（3）以工作小组为班子，对投入保障机制进行补充、完善，形成六大投入保障辅助机制。

第一，激励机制。为了确保投入保障机制的形成，该小组创建了激励机制，并对小组成员进行激励、考核，表彰先进，惩罚落后，让每个人都有任务目标，让每个人都肩负责任。

第二，酬劳增长机制。班子成员签订责任书，认真推进工作，酬劳与自己的工作表现息息相关。由于后面会重点介绍扶贫团队考核机制，在此不多介绍。总之，形成一种“弹性”的酬劳机制，体现多劳多得的特点。

第三，补贴机制。为什么扶贫投入保障辅助机制内还要包含一个补贴机制呢？工作小组在扶贫过程中，难免会加班，或者难免产生额外开销。为了确保小组成员的工作积极性，也要适当给他们补贴，不能让他们自掏腰包，更不能伤了扶贫工作人员的心。与此同时，扶贫过程中有一些支出，这些支出除了单独立项，也可设定为专项补贴。这样做不仅可以保障工作质量，还可以确保投入保障机制的实施。

第四，项目保障机制。扶贫是一项庞大的工程，包含了许许多多的项目，每一个项目都需要资金。工作小组在帮扶过程中，要对每一个项目进行“立项”，每一个项目都要形成项目保障机制。只有这样，才能让扶贫投入更加精准，让扶贫工作更加高效。

第五，民主机制。扶贫投入保障机制工作小组虽然是以组长为中心的帮扶指导小组，但是小组成员之间，责任明确，分工明确，小组成员之间的关系并不是“上下级”关系，而是平等的团队成员关系。建立民主机制，是为了让团队更加和谐，并且能集思广益，在扶贫工作中起到更积极的作用。另外，民主机制可以有效推动投入保障机制的运行，让投入保障机制发挥应有的价值。

第六，监督机制。不管开展怎样的活动，都要有相关部门对其进行监督。银行本身就有监督部门，能够对扶贫项目投入进行监督。另外，扶贫投入保障机制工作小组要有自己的监督机制和监督部门，要设置监督岗位，并由专人对小组工作进行监督。只有这样，扶贫投入的每一分钱才能花得有价值，扶贫工作人员的付出才会有回报。

如今，最后的脱贫攻坚战已经打响，每一个扶贫工作人员都要全情投入。扶贫需要巨大的投入，除了资金，还有许多其他资源。相对而言，资金投入是最重要的。乡村振兴，需要“海量”资金。扶贫小组要拓宽视野，为乡村扶贫多提供渠道。渠道的搭建需要钱，就要单独立项，形成投入保障机制，规范资金使用。在扶贫的过程中，还要想办法吸引资金，让社会上的其他力量加入帮扶队伍。只有这样，才能帮助贫困村快速脱贫，才能让每一分钱都能体现出价值。

5. 扶贫团队考核机制

扶贫是一项需要实干的工作，脱贫攻坚战中的“攻坚”二字，体现了一种状态和精神。言外之意，扶贫工作是非常辛苦的，像一场战争，只有付出巨大的努力，才能取得宝贵的胜利。面对这样艰巨的任务，参与扶贫的各大银行要有自己的特色工作机制，以此确保扶贫工作的质量。前面我们讲了四种扶贫机制，还有一种机制必不可少，即扶贫团队考核机制。

如今，许多银行直接驻村进行帮扶，并且形成扶贫工作组，有明确的任务和指标。贵州农行早已经采取了扶贫团队考核机制对扶贫团队进行绩效考核，用这样的方式督促团队成员去扶贫，奖励绩效优秀者，定期进行阶段性的考核总结，并取得了非常好的效果。贵州农行也愿意将自己的这种扶贫经验介绍给正在扶贫攻坚的其他团队。

（1）明确责任。

扶贫是工作，更是责任，扶贫团队中有领导干部，也有基层员工，每个人都有自己的工作任务。因此，驻村的扶贫团队首先要明确团队中每个成员的工作责任，圈定工作范围，包括管理者负责什么，其他团队成员负责什么，形成岗位责任制度。制度化是绩效考核的前提，制度让每个人都有工作标准，并严格按照标准做事。

（2）明确目标。

明确了工作责任，还要明确工作目标。扶贫有扶贫的目标，如多长时间内完成多少工作量，多长时间内实现脱贫……除了总体目标，每月要有月目标，每周要有周目标，甚至每天都要有日目标。扶贫团队要对目标进行分解，并落实到每一个团队成员身上。做到人人身上有目标。

（3）明确考核重点。

既然要把扶贫当作一项考核工作，就要挖掘出考核工作的重点。考核的重点也是扶贫的关键，如扶贫产生的业绩、扶贫服务指数、出勤率等。这些重点都是考核的指标，或者叫 KPI（关键绩效指标）。明确考核重点，相当于给团队成员标出重点，让他们围绕着重点开展工作。除了明确重点，还要找到难点。扶贫攻坚中，哪些工作最难做，哪些骨头最难啃，只有明确了，才能形成聚合力，打赢脱贫攻坚战。

（4）明确方法。

有人说：“不管黑猫白猫，能捉老鼠的就是好猫。”什么是好的工作方法呢？对此没有明确的规定，要从实践中去总结。扶贫工作要讲究策略，提炼一些帮助成功的方法。如团队在实践工作中摸索出了一套方法，就要将该方法提炼出来，形成方法论和指导思想，帮助没有经验的扶贫团队成员。

（5）明确分工。

绩效考核的前提是任务分工明确，如甲负责A项目，乙负责B项目，扶贫团队中的每一个人都要有明确的分工。只有分工明确，才能进行岗位考核。

（6）明确要求。

明确工作要求，才能真正意义上规范每个人的行为和工作。有了工作要求，才能让扶贫团队成员严格按照要求去做事。要求包括三个方面：第一，思想要求，让团队成员保持思想上的一致，即保持扶贫攻坚的信仰不动摇；第二，岗位要求，每个岗位都有限定的范畴，每个岗位都有特定的规章制度，每位成员必须严格按照“要求”去工作；第三，考核要求，形成具体的考核体系，对每一位扶贫团队成员进行严格的绩效考核，并且进行打分、奖惩。

（7）明确纪律。

有位哲人说过：“没有纪律，就既不会有平心静气的信念，也不能有服从，也不会有保护健康和预防危险的方法。”明确纪律，才能为整个扶贫工作提供保障，让扶贫攻坚有一条“防线”。扶贫的纪律，就是要求扶贫团队成员实事求是、脚踏实地，还有一些扶贫团队组织要形成“责任终身制”，谁的工作谁负责到底。

（8）明确奖惩。

既然是绩效考核，就要明确奖惩，如完成绩效任务的该如何进行奖励，没有完成任务的该如何进行处罚。另外，扶贫团队要将正面激励和负面激励相结合，奖励为主，处罚为辅，旨在调动扶贫团队成员的工作积极性。

如果我们的扶贫队伍能够按照以上内容明确工作，就能形成一套有效的考核机制，继而提升扶贫工作质量，早日完成扶贫大业，帮助贫困地区和贫困家庭脱贫。

第二节　扶贫的主要途径

1. 帮助贫困户脱贫

人人都不想贫穷，贫穷会导致诸多问题。对于个体而言，贫穷将会引发一系列的家庭悲剧。

杜某是某农村贫困户，他的致贫原因是残疾。由于社会上对残疾人存在一定歧视，杜某虽然学习并掌握了一定的工作技能，但仍然找不到工作。

没有稳定的工作，杜某只能以打短期零工为生，收入微薄，无力支撑整个家庭。杜某的妻子没有工作，孩子还要上学。在这样的情况下，杜某主动向扶贫部门求助。了解杜某的实际情况后，扶贫部门做了三项工作帮助他脱贫。

第一项工作，给予补贴。杜某家庭的年平均收入达不到当地最低收入标准，符合帮扶条件。于是，扶贫部门每个月给杜某一定的资金补贴，一直发放到杜某脱贫为止。

第二项工作，给予技能培训。虽然杜某之前学过技术，但是他掌握的技术并不足以胜任一份收入稳定的工作。于是，扶贫部门对他进行技术帮扶，根据他的身体状况，对他进行有针对性的技术培训。后来，杜某拿到了会计电算化证书。有了证书，也就可以自谋出路。

第三项工作，给他安排工作。杜某掌握了技能，扶贫部门从中牵线搭桥，在杜某家附近的一个企业，为他找了一份工作，月薪 2500 元。有了稳定的工作，杜某快速脱贫。

如今，杜某收入稳定，家庭年收入超过三万元，已经完全摘掉了贫困帽。在该地区，像杜某这样的贫困户还有许多。经过扶贫部门的帮扶，他们绝大多数已经摘掉了贫困帽。

全国上下，像杜某这样的贫困户还有很多。这些贫困户不一定生活在贫困地区，很多甚至生活在发达地区。因此，全国各地都要对辖区内的居民进行走访调查，了解民情，找到帮扶对象，帮助真正的贫困户脱贫，决不放弃任何一个人。

（1）对人均收入低于国家扶贫标准的、有劳动能力的贫困户的帮扶。

这一类贫困户绝大多数生活在贫困地区，如贵州山区的贫困户。由于自然条件恶劣，他们很难通过劳动和谋生技巧致富。对于这类贫困户，需要帮助他们改善“生存环境”，在产业上进行帮扶。有些贫困户完全可以自主脱贫，如某地区公路修通了之后，许多贫困户将自己种植的蔬菜、水果拿到县城售卖，从而脱贫。许多银行为了帮扶这些贫困户，也会给予“惠农支持”，提供无息贷款，助力贫困户自主创业。

（2）对家庭收入低于当地最低生活保障标准的低保户的帮扶。

上面的案例中，杜某就是低保户。许多低保户是身体残疾找不到工作致贫，一些低保户已经丧失了劳动能力……对于这些低保户，扶贫部门要进行分类。对于身体残疾但是并未丧失劳动能力的低保户，可以提供技术帮扶，并为他们寻找工作，帮助他们解决就业问题。只有就业问题解决了，才能慢慢脱贫。对于丧失劳动能力的低保户，相关部门需要长期对他们进行资金帮扶，给他们发放救济款和低保金，解决他们的衣食住行问题。

（3）对丧失劳动能力的五保户的帮扶。

五保户常见于农村，五保户的对象是无赡养、无抚养、无劳动能力的老年人、残疾人和未成年人。所谓五保，即保吃、保穿、保医、保住、保葬。换言之，扶贫部门首先要解决五保户的保障问题，在“五保”的基础上，提升他们的生活质量。如某地区将丧失劳动能力的老年五保户送至敬老院进行养老，并且安排专业人员为他们服务，解决这些老人的后顾之忧。还有一些城市，以社区为单位，社区服务人员上门服务，在物质上、精神上给予五保户帮扶，帮助五保户摆脱物质贫困和精神贫困。

《三峡日报》曾讲述了这样一个扶贫故事：2020 年 5 月 25 日，宜昌市公安局水陆公交分局李某将自费购买的 30 只鸡苗送到了秭归县九畹溪镇仙女村建档立卡贫困户王某家中。5 月 19 日，李某在走访中了解到他的两个帮扶户想要发展生态鸡养殖，但买不到鸡苗。李某回去后多方打听，买了 30 只鸡苗送给他们。据了解，该局自 2019 年结对帮扶以来，已帮助该村发展苹果树 130 亩、资助养牛大户带动 5 户贫困户养牛 25 头。

上述的帮扶案例是一起典型的贫困户帮扶案例。扶贫部门完全可以根据贫困户的实际情况选择最合适的帮扶方式，对贫困户进行帮扶。

2. 带头发展产业项目

产业扶贫是当前极常见的扶贫方式，许多地方开展扶贫活动，都是以产业带动扶贫。

贵州省为了打赢脱贫攻坚战，从2017年起，引进各类产业扶贫项目超过两万个，这些扶贫项目多数已经发光发热，在脱贫攻坚战中起到了关键作用。

其中，贵州三都葡萄产业形成了规模，帮助许多贫困户实现脱贫。如今，三都水族自治县葡萄种植面积超过13万亩，挂果面积超过7万亩。

除种植之外，三都开发葡萄采摘旅游线路。许多都市人为了感受葡萄采摘的乐趣，从城市来到这里进行体验，带来了旅游收入。据了解，许多村民借采摘的东风开展农家乐项目，也为家庭赚得一笔不错的收入。中国农学会葡萄分会和中国果品协会葡萄分会授予三都“中国水晶葡萄之乡”的称号。

三都的葡萄种植产业帮助贫困户脱贫，黔东南岑巩县客楼镇开展水蜜桃种植项目，帮助贫困户进行脱贫。黔东南新闻网上一篇题为《岑巩客楼：8000亩水蜜桃助农脱贫致富》的文章写道：客楼镇在近80户果农中发展种植面积8000余亩，其中已挂果6000亩，建成100亩以上连片种植示范基地7个，覆盖贫困户13户、60余人。客楼镇还成功举办第三届桃花文化旅游节，接待游客6万人，带动旅游综合收入近1000万元。同时，良好的气候环境让全镇水蜜桃实现丰收，水蜜桃市场价格比上年好，亩产6000元左右，预计果农创收产值3600万元；另外带动100余贫困农户参与管理、采摘等环节，实现务工增收50余万元，水蜜桃种植成为贫困农户“桃”离贫困的支柱产业。

扶贫组织部门带头发展产业扶贫，是非常有效的扶贫方法。在产业扶贫方面，中国农业银行也做得非常到位，非常值得同行学习。2020年3月，中国证券网发布的《农行定点扶贫的4个县全部脱贫摘帽》写道，农业银行切实发挥金融机构优势，加大产品创新和典型模式推广力度。一方面，建立东西部行定点扶贫对口帮扶机制，由北京、山东、广东、浙江4家分行分别对接4个定点扶贫县，在引进无偿帮扶资金、招商引资、人才培养等方面积极开展工作。另一方面，创建“客户+资源+信贷”的招商引资模式。2019年，农业银行先后协调32家农行客户企业赴定点扶贫县考察，签订框架协议12个，协议投资额28.8亿元，其中7个项目已落地，实际投资额3.57亿元。此外，农业银行创办了“扶贫商城”，为贫困县免费搭建特色农产品展销平台。

扶贫项目种类繁多，只要符合扶贫政策，结合贫困地区的优势，就可以发展扶贫项目。如何才能发展扶贫项目呢？我想，扶贫部门要做好三项工作，才能发展并落实扶贫项目。

（1）用好资金。

发展扶贫项目，就要用扶贫款。扶贫款应该如何使用呢？第一步，要成立资金保障制度，扶贫款必须在严格监督下才能使用。第二步，要对扶贫项目进行考察，形成项目方案。项目方案中包含启动的资金总额，以及详细罗列的资金支出内容，第三方机构要对该项目进行风险评估。第三步，项目启动之后，需要按照资金管理流程进行支付。精准扶贫是花小钱办大事，扶贫款不是大风刮来的，每一分钱都应体现出价值。

（2）牵手龙头企业。

龙头企业是某个行业内的翘楚，这些企业了解该行业，在发展自身的同时，能带动贫困地区脱贫。扶贫组织要想办法将龙头企业引到贫困地区，让龙头企业扎根，并且发挥龙头企业的带头作用，让龙头企业帮助贫困地区脱贫。如国内某地区扶贫办牵手国内知名的农产品加工企业，推动企业进驻贫困地区，该企业进驻后，帮助贫困户搭建养殖基地，然后以市场价对农户养殖的禽类进行采购，很快就帮助贫困户脱贫。

（3）带动产业就业。

如何才能带动产业就业呢？在我看来，有两个办法。第一，扶持农户搞产业经营，让他们当“老板”；第二，发展产业，以产业带动就业。如今，许多贫困地区的贫困户在扶贫企业内上班，用自己的技能和体能换取劳动成果，从而摆脱贫困。

如果我们的扶贫部门能够做好以上三项工作，即用好资金、牵手龙头企业、带动产业就业，就能给贫困地区和贫困户带来一条脱贫致富之路。

3. 建立综合性经济组织

在我国，贫困地区正面临着三大问题。问题一，农村空心化。许多年轻人为了摆脱贫穷，选择去城市工作，造成村庄人口结构不合理，老人和孩子在农村留守，农村外延膨胀而农村内部荒芜，形成“空心状”。农村劳动力的流失，导致贫困村更加贫困。老弱妇孺无法改变贫穷现状，只能长期挣扎在贫困线。问题二，农村资本没落。虽然中国是一个农业大国，农村人口占总人口的比例较高。但是随着经济转型，农村资本没落，无力支撑新农业发展或者促进新产业的形成，使村庄无法转型，只能遭受贫困。问题三，农村基层财政紧张。不是贫困村不想发家致富，而是“无米下锅”。俗话说：“巧妇难为无米之炊。”农村基层财政紧张，无法投建脱贫项目，只能任由贫困洗礼。想要帮助贫困地区脱贫，扶贫部门需要给贫困地区投资，或者帮助其搭建脱贫渠道。脱贫渠道有很多种，综合性经济组织是其中一种。

什么是综合性经济组织呢？一位日本学者认为日本农协就是“综合性经济组织”，他认为：日本农协是将农民集生产者、经营者于一身的综合性转化为自己的综合性，在组织生产联合的同时，运作与农业相关的金融保险、旅游等第三产业，所得利润补贴给农民，农民 60% 的收入来自农协运营的第三产业的收入。

中国的扶贫组织，完全可以按照这样的模式，帮助农村地区，特别是处于贫困中的农村地区，搭建综合性经济组织，将农村的优势集中起来，形成产供销一体的经济链条。换言之，农村综合性经济组织是农村合作社的新版本，它主要体现了以下几大优势。

（1）推动改革。

传统的农村合作社是简单、粗放的，无法形成完整的产业结构。新型的农村综合性经济组织则不同，它是一个体系完整的经济组织，不同的生产部门、公司构成了经济生态。这种新型的农业合作社能够推动农村经济改革，甚至可以达到自给自足。

（2）减轻政府负担。

传统的经济扶贫模式是政府部门给予人力、物力、财力，倘若贫困地区始终没有脱贫，就会给政府增加负担。新产业结构下的农村综合性经济组织虽然需要政府投入资源，但是这样的投入不是“永久性”的。当经济组织正常运转，形成了造血功能，政府部门就可以减少投入，甚至不需要继续投入。事实上，政府同样缺钱，多数地方政府财政吃紧。如果农村综合性经济组织能够减轻政府负担，也有利于政府部门将更多的精力投入其他项目中。

（3）形成“命运共同体”。

过去的农村，村民们各自为了生活而奔波，无法形成“利益共同体”。如今，单打独斗的时代已经过去，现代社会是一个“抱团取暖”的社会，人与人之间只有形成“命运共同体”才可以抵抗贫困的侵袭。农村综合性经济组织将散状分布的村民集中在一起，让他们各自扮演经济组织中的不同角色，形成一种新组织、新团队、新平台。农村也将形成新的“命运共同体”，从而形成改革的力量，推动资本运转，继而形成产业，恢复造血功能。

（4）培养农村公共意识。

什么是公共意识？公共意识是每个独立个体所共同具有的整体意识，也是公共精神的内核。从某个角度看，公共意识决定了文明的高度，经济文化的高度发展也体现了文明的高度发展。曾经，一些农村居民因宅基地的问题而闹别扭，甚至引发紧张的邻里关系。没有公共意识，也就无法形成新农村合作发展平台。很显然，如果扶贫部门借“扶贫”之机搭建农村综合性经济组织，就会培养出农村公共意识。美国著名行政伦理学家特里·库珀认为：公共意识并非期望公民必须变得无私并在行为上完全利他，但它确实意味着，公民有责任既要发现他们自己的个人利益也要发现政治社群的利益，而对这一社群利益，他们负有契约性的自制责任。如果农村公民拥有了公共意识，也就会维护公共利益，改变原本只注重个体利益的精神面貌。

农村综合性经济组织是开放的、民主的，它不属于某个人，属于大家。另外，农村综合性经济组织是一个市场组织，具有市场性。如果相关部门对其进行市场引导，并且将更多有实力的企业引入经济组织，就能发挥企业的作用，带动农村综合性经济组织快速发展，从而帮助贫困地区脱贫致富。

4. 培养支柱产业

过往的扶贫经验告诉我们，培养扶贫支柱产业对扶贫有重人意义。许多贫困地区，通过发展支柱产业形成“优势产业”，帮贫困户创富。这样的成功案例举不胜举。《金融时报》就曾报道过靠支柱产业成功脱贫的故事。

广西浦北县是有名的长寿之乡，这个长寿之乡也曾经是有名的贫困县。浦北县流传着一句话：“手捧青龙，口食无穷”。“青龙”是什么呢？其实就是竹子。这种竹子叫“丹竹”，非常适合用来制作竹编工艺品。

二十世纪八十年代，广西浦北县就有人从事竹编加工。《金融时报》刊登的《“一根竹”形成一个扶贫支柱产业》写道，二十世纪八九十年代，浦北县竹制品、竹编出口工艺品行业火热，丹竹种植农户每天从农田回来，便在家里编织果笠、竹篮等竹制品，竹编出口工艺品，成为很多农户包括贫困户的家庭副业收入来源。但随着现代石化工业的发展，塑料藤、草藤编织出口工艺品的优势和占比越来越大，泡沫箱、塑料袋的出现，也挤占了竹制品的市场。由于市场变化，“青龙”产业发展受到影响。

如何才能突破这样的困境呢？许多人想到，集中优势，发展形成“青龙产业”，做大规模，形成龙头，这样就能突出重围。是的，广西浦北县也是这样做的。这家龙头企业叫广西健美乐食品有限公司，老板叫陆强。陆强回忆，他小时候就看到村里有人突发症状晕厥时，其他人立即去砍来丹竹，用火烤出丹竹液，给晕厥者灌下，一会儿晕厥者便能清醒过来。丹竹液的奇特作用，给他留下深刻印象。后来，他了解到丹竹液的功效，由此产生了制作丹竹液的想法。

换言之，陆强找到了一个发财致富之路。丹竹除了能加工工艺品，还是一味良药。俗话说：“思路决定出路。”于是，陆强创办了广西健美乐食品有限公司，采取传统方法与现代工艺相结合的方式，萃取丹竹液，进军农林深加工产业。

创业之初，企业缺少资金。就在这时，农业银行伸出了援助之手。这里特别要指出的是，农业银行通过金融扶植特色龙头企业的方式对贫困地区进行扶贫，旨在通过扶植龙头企业，带领贫困地区致富。农行浦北县支行了解到陆强创业发展的难题，经过多次考察，以“小微企业简式贷款”的方式给该企业投放500万元，帮助企业顺利渡过了难关。

《金融时报》报道，在人民银行等相关部门的指导和支持下，多年来，农行以增强特色名片产业链效能为目标，以点带面，推动农业龙头企业、涉农小微企业、农业合作社、家庭农场等产业链上的新型农业经营主体发展；创新拓展"惠农e贷""纳税e贷""4321担保贷款"及"微捷贷"等线上线下投放渠道，助力推进"公司+基地+农户""扶贫企业+贫困户"主体经营模式向广度和深度发展，以接地气的"线上线下"融资产品助力打响支柱农产品品牌，取得了良好的金融服务"三农"经验和社会效益。截至2019年11月，各项贷款增量达4.2亿元，同比多增2.8亿元，增速达26%，其中涉农贷款较2018年年末增加3.3亿元，着力把信贷资金引向支持实体经济，解决新时代产业扶贫的金融服务需求。

如今，陆强的企业已经成长为扶贫龙头企业，丹竹液产品品牌获得首批中国森林食品示范品牌称号，阳桃汁、香蕉、黑叶荔枝等荣获广西壮族自治区质量技术监督局"广西名牌产品"称号。为了带领广大农民脱贫，这家企业采用了"公司+基地+合作社+农户"的模式，帮扶浦北县的贫困村。《金融时报》给出这样一组数据：覆盖北通、张黄、龙门、泉水、平睦等10个乡镇的35个村委；向金融产业扶贫区域的基地农户提供种苗、有机肥和技术培训，扩种、改良丹竹种植示范基地5000亩；辐射带动农户种竹面积4万多亩，每年从农户手中收购丹竹150多万公斤作为公司的原材料。

上面这个故事，是真实的龙头企业扶贫的故事。在这个故事里，我们也看到了农业银行在培养龙头企业上所付出的心血。如果贫困地区有这样的特色产业，而这样的产业具备良好的市场前景，扶贫攻坚的银行为何不去扶植一把呢？培养并扶植具有特色的龙头企业，不仅可以为当地培养一家优质的企业，而且能让企业带动产业发展，帮助贫困地区脱贫。

5. 提高贫困地区人员素质

知识改变命运，没有知识，就很难将命运掌握在自己手里。贫困地区人民无法摆脱贫困，其中一个重要原因是贫困户没有掌握改变命运的知识技能。以种地为例，部分贫困地区依旧采取刀耕火种的原始种植方式。这样种植，不但亩产量低，而且深受自然条件影响。如果掌握了种植技术，采取科学的种植法，农民就能因地制宜，种植出产量好、经济效益高的农作物，提高家庭收入。

许多贫困村还存在较为严重的辍学现象，辍学的原因很多，主要原因不外乎两个：第一，交不起学费；第二，认为上学没有用。接受教育少，无法掌握改善命运的技能，因此也就无法摆脱贫穷。想要从根本上帮助贫困地区的老百姓脱贫，必须要提高他们的素质。

一篇名为《大河网两会网评：扶贫攻坚，根本在于提高人的素质》的文章写道，贫困人口的“穷根子”在于观念落后、行为保守，轻视教育、对文化知识无所需求。这最终导致深度贫困自然村整体受教育年限短，文盲半文盲人口比重大。这种现状只有通过教育扶贫来改善，要在进行思想观念教育的基础上，加强职业教育，鼓励并帮助这些贫困家庭子女参加中高等职业教育，积极安排他们转移就业，提高扶贫攻坚的成效。

提高贫困地区的老百姓的素质是一项重要工作，农业银行在精准扶贫的道路上也摸索出一套自己的方法，主要有以下三点。

（1）完善教育系统。

不是贫困人员不接受教育，而是有一些客观因素的阻碍。有一位贫困地区的乡村干部解释道："在我们这里，只有一所学校，学校只有两位老师，而且只有小学，没有初中！"他的这番话告诉我们，部分贫困地区缺少教育机构和教育资源。农业银行是这样做的，联合教育局、企业帮助这样的贫困村筹建学校，聘请老师，完善教育系统，为贫困地区的孩子们提供良好的受教育的机会。

还有一些贫困地区虽然不缺学校，但是师资力量太差，应该改善这些学校的师资力量，将现代教学模式引入其中，提升孩子学习的兴趣。另外，要完善学前教育系统，给没有接受过教育的学龄前儿童提供受教育的机会，筹办幼儿园或者其他学前教育机构。

针对成年人，也要给予其"成人教育"的机会。陕西某贫困村举办"成人学堂"，每周开两次课，向村民教授技术方面的内容。有些村民通过学习，掌握了先进的农业技术，通过贷款种大棚，摆脱了贫困。由此可见，想要提高贫困地区人员的素质，先要完善教育系统。

（2）改善环境。

环境决定一切。根据以往总结的扶贫经验，农业银行发现，如果改善贫困村的环境，也可以引发村民的学习热情。我国的一个贫困村，基础设施落后，全村没有一条水泥路，只要一下雨，全村上下到处都是泥坑。为此，农业银行对贫困村的环境进行了改善。首先，给贫困村修路。路虽然不宽，但是结实的水泥路大大改善了村里的交通情况。其次，给村民修建了文化广场，并在广场上布置“学习栏”。如今，村子的环境与以往不同。随着环境变化，村民的素质也发生了改变。村民开始讲文明、讲礼貌，甚至出现了“学习热潮”。改善贫困落后的环境，如同扫除贫困落后的精神面貌，给贫困人员脱贫致富打了一针精神强心剂。

（3）引进人才。

贫困地区留不住人才，许多从村子里飞出去的“金凤凰”，再也没有飞回来。原因是什么？用老百姓的一句话说：“没有梧桐树，招不回金凤凰。”人才流失导致贫困村继续落后。与此同时，贫困落后的地方没有足够资源吸引人才入驻……没有多少人愿意去穷山恶水。想要改变这样的现状，就要帮助贫困地区招募人才，给人才福利，给人才创造条件。人才来了，能改变贫困地区的知识结构，从而带动贫困人员脱贫致富。想要引进人才，不仅需要银行提供帮助，更需要地方政府推出相关的政策，给人才更好的机会和更好的福利，这样人才才会长期在贫困地区生活、工作。

有人说：“只有科学技术才能帮助农民脱贫。”农民该如何获得技术呢？让他们接受教育，或者给他们提供受教育的机会。教育提升农民的素质，帮助农民找到脱贫致富的渠道。俗话说：“农民兴则农村兴。”

6. 搭建扶贫平台

扶贫是一项需要集体智慧的工作，扶贫人员想尽一切办法只是为了找到更好的方案和更好的途径。当今时代是互联网时代，互联网时代产生了互联网思维。人们提到的平台思维就是互联网思维中的一种。

平台思维是一种互动互通的网状思维，它绝不是“平面思维”，而是一种多维度的“立体思维”。几年前，有一些商人打造互联网平台，将各种信息、人才、渠道整合在一起，形成了一个“人人共享”的平台。在这个平台上，人们可以从事自己喜欢的事情，可以经营自己的生意，还可以分享自己的心得体会。平台融合了营销与社交功能，形成了一种“经济—文化”圈子。如今，农业银行也将平台思维融入脱贫攻坚战，为贫困地区的贫困户搭建扶贫平台。扶贫平台主要有以下六大元素。

（1）信息。

信息具有商业价值，信息时代更体现了信息的这种价值。如果平台能将商业信息汇总在一起，就能产生价值巨变。打造扶贫平台，需要将诸多商业信息、政策信息、人才信息、物流信息等整合在一起。

某地区打造了一个“蔬菜水果交易平台”，该平台每天都会更新蔬菜、水果的市场交易价格，给平台上的商户提供重要的参考信息。有了这些信息，商户可以随时调整市场价格，将蔬菜、水果卖出最好的价格。

（2）技术。

平台还会提供各种各样的技术，并将技术分享给广大的平台用户。如果平台上的用户想要学习技术，可以直接搜索技术名称，找到相关的文章和视频就可以学习了。

还有一些平台提供远程课堂，平台上的用户可根据自己的兴趣、爱好选择不同的远程课堂，然后报名学习。如今，许多远程课堂是免费的，贫困地区的人们不花钱就可以学到知识技术，并将知识技术运用到生产中。

（3）资本。

扶贫平台还是一个资本平台，好的扶贫平台能够吸纳投资人在平台上寻找合作项目。某地区有一个扶贫平台，平台吸引了农产品深加工企业的老板，这些老板如果发现了好的项目，就会选择投资。

一些银行搭建的平台本身就是“扶贫—投资”平台，并且有专门的工作人员在平台上寻找、筛选值得投资的扶贫项目。对于平台用户而言，如果对自己的项目前景有信心，就可以选择在线申请。如果申请通过了，其可以得到银行提供的“惠农”项目贷款，从而脱贫致富。

（4）人才。

前面我们讲到，贫困地区普遍缺少人才，然而通常人才能带动贫困地区的人们脱贫致富。如果我们的扶贫组织能够搭建起有影响力的扶贫商业平台，就会吸引许多人才来平台工作。

平台需要哪些人才呢？阿里巴巴是著名的B2B（企业对企业）平台，与该平台相关的人才种类非常多。扶贫平台也是如此，各类型的人才应齐聚在一起，形成平台“智库”，把平台运营得更好。

另外，贫困地区的龙头企业完全可以通过平台招纳有志之士，并且给他们提供其他企业无法提供的“工作平台”，让这些人才来到贫困地区，在贫困地区扎根，继而改变贫困地区的面貌。

（5）渠道。

有人说：“有了渠道就不愁销路。”是啊，渠道就是钱脉。但是，贫困地区的人们又有几个有渠道呢？如果搭建平台的扶贫组织能给人们提供渠道呢？是不是也就能帮助人们销售产品了呢？

有一家销售量极大的电商公司，经过扶贫平台的牵线搭桥，与某贫困村的果农签订了购销协议，每年按照市场价格采购果农的水果，并且帮助果农推广种植新品种。在这家电商公司的帮扶下，果农的收入连年提高，从而摘掉贫困的帽子。

（6）市场。

事实上，平台是市场的一种形式，正如淘宝网就是一个巨大的互联网零售市场。仅仅一个淘宝网，每年就可以创造万亿元的销售额。每年的“双十一”购物狂欢节，都在创造新纪录。扶贫平台也能给贫困地区的人们提供一个巨大的市场，即使他们足不出户，也可以将自家的粮食、水果以及其他产品卖到全国。由此可见，好的扶贫平台直接将市场搬到了每一个贫困户的家里，给他们提供了创业致富的机会。

搭建扶贫平台并不是一件容易的事情，可能需要广大银行与政府、其他企业进行合作，招募平台管理人才和设计人才，并且根据贫困地区的实际情况设计有“特色”的平台。只有这样，扶贫平台才能从众多商业平台中脱颖而出，起到精准扶贫的作用。

7. 因地制宜发展特色经济

如何才能让贫困地区脱贫致富？在我看来，要让贫困地区拥有自己的产业，在产业的带动下，当地人民才能逐渐富裕起来。不同的地区有不同的人文风俗和特点，可以结合当地的风俗民情和自然面貌，在贫困地区发展特色经济。因地制宜发展特色经济可以帮助贫困地区脱贫。

贵州玉屏侗族自治县曾经是有名的国家级贫困县，这个县虽然贫穷，但是有着丰富的农业资源。玉屏有“四大”称呼，即中国箫笛之乡、中国油茶之乡、侗族文化艺术之乡、中国黄桃之乡。由此可以看出，玉屏是一个非常有特色的少数民族自治县，如果将农业、文化产业与旅游业相结合，就能带动一大片贫困乡村脱贫致富。

枹木垅村是玉屏的一个典型的贫困村。为了让枹木垅村脱贫，驻村扶贫干部与枹木垅村第一书记想到了许多办法，其中一个办法就是发展特色经济。枹木垅村第一书记和驻村扶贫干部都是年轻人。年轻人思维活跃，想法多，已经是当下扶贫攻坚的骨干力量。

在两个年轻的扶贫干部的努力下，枹木垅村逐渐形成了“枹木垅村现代农业园区”，这个经济园区是带领村民致富的重要力量。据了解，枹木垅村三栋圈舍拥有生猪 1400 头，并且建造了沼气站，其中沼气站可以覆盖 180 多个农户家庭。枹木垅村第一书记说：“虽然我们已经取得了脱贫摘帽的阶段性胜利，但是我们丝毫不能放松。巩固脱贫摘帽的胜利成果，完善后续的各项事务是我们目前的主要工作。”

玉屏的马头田村，村主任李某是个能人（能人在带领贫困地区脱贫致富方面作用很大），他曾经通过挖掘机技术赚到了第一桶金，然后回到家乡帮助家乡脱贫。当上村主任之后，他便投资建厂，邀请身边的企业家一起建设家乡。首先，李某帮助村子修路，路修通了之后，便开始特色农业的推广扶植计划，引入“温氏养殖”技术，发展种姜产业，并且因地制宜发展旅游项目。如今，马头田村拥有扶贫项目 11 个，脱贫在即。

有着中国黄桃之乡之称的玉屏大力发展黄桃种植以及与黄桃相关的配套产业，平溪街道瓮阳村是黄桃种植基地。据媒体报道：2016 年，玉屏成立了农民专业合作社联合社，还申请注册了“玉屏皇桃”品牌商标，2018 年 2 月，“玉屏皇桃”获得地理标志证明商标。瓮阳村果农夏某表示：自己和弟弟之前种植了 520 亩黄桃，收了 30 万斤，毛利有 400 多万元，主要销售到广州、深圳、上海、北京等城市，光线上销售就有 3.8 万斤。插上“特色经济”的翅膀，瓮阳村有许多种植户走上了发家致富之路。

如今，玉屏形成了黄桃、食用菌、油茶、生猪养殖四大特色产业，黄桃种植面积超过了 2 万亩，油茶种植面积超过了 20 万亩，生猪出栏数量超过了 30 万头。与此同时，玉屏结合当地自然地貌与少数民族风俗开展旅游项目，开发特色旅游村寨 24 个。如今的玉屏，已经摘掉了国家级贫困县的帽子，特色经济引领人们逐渐走上了小康之路。

贵州省是全国扶贫攻坚的主战场，打造“特色产业”是贵州省扶贫的主要方式。打造“特色产业经济”，离不开银行的参与，贵州省农行在特色产业精准扶贫方面发挥了重要作用。贵州省人民政府网站给出一组数据：辣椒种植面积512万亩、产量680万吨、产值228.8亿元，同比分别增长12.9%、19.6%、23.6%。加工产值突破121.2亿元，交易额突破709亿元。水果种植面积达799.2万亩，总产量409万吨，产值272.4亿元。辣椒产业带动280万人增收，其中贫困人口65万人；生态畜牧产业带动33.7万贫困人口增收；2019年前11个月，蔬菜产业带动全省49.4万贫困人口增收，占全省贫困人口的31.8%……[①]

由此可见，扶贫走特色经济之路是正确的选择。因地制宜发展特色经济，也能发挥贫困地区的优势，更容易形成产业规模。规模经济能够抵抗市场风险，从而获得“定价权”，继而给贫困地区和贫困人员创造更多收益。

① 陈毓钊 . 贵州：12 个特色优势产业 为脱贫攻坚提供有力支撑［EB/OL］.（2019-12-28）［2020-07-13］. http://www.yuping.gov.cn/zwxw/zwyw/201912/t20191227_37681951.html.

第三节　扶贫的两大精髓

1. 先公益后生意

扶贫是一项公益事业，不能完全把它当作一门生意。如果只考虑投入与产出的比例，恐怕会走上一条错误的道路。当然也有不同的意见和声音，有位企业家说："企业家做扶贫是'投资'，'投资'的目的就是赚钱；如果企业家赚到钱了，贫困户也能赚到钱，贫困地区也会跟着富裕起来。"这句话也没有问题，公益与生意并不冲突，只是谁先谁后的问题。

这些年，许多知名的艺人也加入扶贫公益事业。不久前，一名知名艺人来到贫困地区做公益演出，据说演唱会的门票是100元一张。与那些商业演唱会相比，100元的门票确实很便宜。

为了这场公益演出，这名艺人准备了近一个月的时间。这次演唱会一共卖出去8000多张门票，门票收入有80多万元。除去各种成本，还剩下约50万元的收入，这笔收入将直接用于当地的扶贫事业。

这位艺人的这种公益行为得到了大加赞赏，许多艺人陆陆续续加入公益演出。2020年5月，"香港四大天王"之一的郭富城也进行了公益演出，并向公益组织捐出所有的演出所得。

在我看来，公益是一种“双方互利”的行为，艺人们通过公益演出，不但给贫困地区筹集了善款，而且给自己树立了好形象。有人说：“好的形象价值百万！”他们通过做公益，提升了社会口碑和自己的身价。话说，当前热衷从事公益事业的很多艺人已经跻身一线，变成了大牌广告代言人。

还有一些企业从事扶贫，它们也是为了“赚钱”。有一家著名的饮料企业在湖南某贫困县投资扶贫生产线，与果农签订了购销合同，合同采购价依照市场价格浮动，给果农解决了销售问题。后来，这家饮料企业还在该地区承包土地，种植果树。为了解决当地贫困户的就业问题，直接邀请他们前来承包种植。所谓“承包”，并不需要交承包费，而是按照收成发放工资。贫困户承包果园没有“资金成本”，只有“体力成本”。换言之，只要不遭遇不可抗拒的自然灾害，他们都能拿到自己的劳动所得。

这家饮料企业在当地投资建厂时遇到资金问题，得到了农行的帮助。农行帮助这家企业扎下根，使其有资金组织开展采购、加工、营销工作。如今，这家饮料企业年产值达数亿元，利润达千万元，让数以千计的贫困户脱贫。这家饮料企业打算继续扩大规模，以后也将有更多的人跟着受益。

在我看来，这家饮料企业的操作模式是一种“先公益后生意”的模式。当这种“公益”覆盖全局，就会形成凝聚力、向心力。有句话说得好：“团结出效益！”公益行为能够焕发出强大的精神力量，让更多的人参与进来。

农业银行始终把扶贫当成一项公益事业。某地区农行曾经发起了一项“助力扶贫、与爱同行”的公益活动，利用自己的平台，帮助贫困村的老百姓“带货”。

被扶贫的贫困村盛产苹果、水晶梨，而且品质上乘，不输那些网红的名优品种。为了卖出好价格，农行给农户提供精美的包装箱，并且按照标准、规格进行分类，出售所得全部返还给农民朋友。这家农行可谓从上到下齐心协力进行卖货，很快将货卖了出去。

后来，农行干脆在贫困村成立技术站点，扶持企业。如今，许多老百姓因此获利。农行通过扶持扶贫企业，给扶贫企业贷款，也从中获利不少。真正的公益可以让多方获益，农民赚了钱，被扶持的企业赚了钱，农行既获了利又赚了口碑，擦亮了品牌。品牌等同于钱，好的品牌效应甚至是钱买不到的。与此同时，农行成功扶持了一片产业，又将产业内的企业、个体户发展成自己的客户，既给其贷款投资，又将其吸纳为储户，形成了一个良性循环。由此可见，农业银行的这种“先公益后生意”的扶贫思路非常值得推广。许多扶贫企业也是坚持这样的路子获得名声和利润，一举两得。

2. 先栽树后结果

樱桃好吃树难栽。想要吃樱桃，就要先栽树。扶贫也是如此，如果没有前人栽树，后人哪里有果实吃？扶贫就是种树，种下脱贫的小树苗，小树苗长大成材，就会带来累累硕果。人民网有一篇名为《想摘果子先栽树——九江市柴桑区利民村扶贫记》的文章，文章中的扶贫故事是典型的先栽树后结果的案例。利民村的扶贫故事是这样的。

江西省九江市柴桑区利民村是远近闻名的贫困村，村子里有许多农户没有脱贫。为了帮助这个村子脱贫，扶贫小组采取了扶贫先扶志、先栽树后结果的扶贫方式。扶贫小组在该村推广种植樱桃和火龙果，尤其是樱桃，结果率高，果实价格高，能够带来高收益……如果每家每户都种上了樱桃树，就会帮助大家脱贫致富。

利民村的扶贫书记说："为什么不把卖樱桃的钱直接发给贫困户，而是让他们参与果树的日常管理呢？这是为了让他们明白，樱桃好吃树难栽，不下苦功花不开，扶贫不能养懒汉，想摘果子先栽树，想拔穷根须用功！送钱送物，毕竟只能解一时之困，只有栽下'摇钱树'，才能确保财源不断。"在这样的扶贫思路指引下，利民村的25家贫困户，每户分到了5棵樱桃树，5棵樱桃树将会在四年之后陆陆续续结果，并产生收益。到时候，这些樱桃树每年就可以给每一家贫困户带来2500元至3000元的收入。

在农村，别小看3000元钱，它可以解决大问题。如今，一个大学生的学费大概每年5000元，3000元钱可以供养大学生大半个学期。除此之外，农户还有其他的收入来源。只要勤劳能干，就可以脱贫致富。

利民村贫困户沈某是该村的扶贫对象，这也是一个典型的凭借樱桃树脱贫的案例。当记者来到利民村的时候，她正在樱桃树下照看果树。她告诉记者："这5棵樱桃树是我们家的'摇钱树'，我得把它们当宝贝一样照看好。"

沈某拥有一个不幸的家庭，她的丈夫身体不好，儿子患有尿毒症，经济十分拮据。为了帮助她，村里给她的丈夫和儿子安排了轻松的工作，加上扶贫产业的分红，沈某一家仅上半年就拿到了2.1万元的收入。与此同时，沈某一家还在扶贫小组的帮助下，建了9亩果园。只要再过几年，果园下了果，沈某一家就能过上富足的生活。

种树意味着打造产业、发展产业。如果扶贫产业发展起来，贫困地区就能因产业的硕果而脱贫。农业银行是"金融扶贫"的排头兵，肩负着扶贫重任，在扶贫攻坚的路上，同样采取了先栽树后结果的扶贫思维对贫困地区进行帮扶。

农业银行甘肃分行深入扶贫一线，带领种植专家亲临西和县长道镇光明村，为村民讲解种植技术。西和县洛峪镇段家村也是当地有名的贫困村，农行向贫困户提供"金穗惠农精准扶贫贷款"，帮助贫困户种植经济作物和中药材。其中，西和县洛峪镇段家村村民张某就是"金穗惠农精准扶贫贷款"的受益人，拿到贷款之后，他就开始种植半夏，并获得了大丰收。张某说："种半夏投入大，以前我一直想种但没钱种。有了农行贷款，我种了两亩半夏，当年的亩均纯收入就有近万元。"

除了张某，村子里还有许多贫困户受益。如今，该村有20%的贫困户申请了"金穗惠农精准扶贫贷款"，有的农户种植香料，有的农户种植中药材，并逐渐形成了规模。不久的将来，有龙头企业进驻，彻底改变西和县洛峪镇段家村的贫困面貌。

据中国经济网报道，农行甘肃分行根据农时季节，为长道镇5个联系村1221户农户捐赠优良马铃薯籽种1.43万公斤、玉米籽种1.05万公斤、化肥150多吨、地膜2022公斤，价值共计43.3万元。并利用自身网络、信息、资源优势，针对联系村产业特色、种植模式、资金需求等，在尊重群众发展意愿的基础上，逐村制定产业发展规划。为有效解决发展特色产业缺少资金难题，近3年来，农行甘肃分行为11个联系村累计发放各类产品扶贫贷款4000余万元，重点扶持当地中药材、蔬菜、种植养殖、经济林果等产业，增强联系村贫困群众自我发展能力。

上面是典型的先栽树后结果的扶贫案例。农业银行不仅给贫困户提供扶贫贷款，更重要的是，农业银行给他们带来了种植技术和种子，帮助贫困户搭建属于自己的脱贫项目，继而帮助他们摘掉贫困帽。这种先栽树后结果的思维也常常运用到企业管理中，是经典的管理运营思维。

第四节　扶贫的重要方式

1. 资金扶贫

从事扶贫事业，需要人力、物力、财力，其中财力是非常重要的一项。贫困的特点是什么？没有钱。缺钱才会导致贫困，有了钱才能脱贫。如果没有资金，扶贫就是一句空话。国家每年投入巨大的资金，就是为了帮助贫困地区脱贫。

当然，扶贫资金来之不易，不能随便花，更不能乱花。所谓精准扶贫，就是把每一分钱都用对地方。银行扶贫就是以资金扶贫为主。银行给贫困地区的老百姓提供优惠的扶贫贷款，甚至专门拨出扶贫款用于贫困地区的建设，如农村基础设施建设、维修等。贫困地区扶贫资金主要有哪些呢？主要有以下四类。

（1）扶贫信贷资金。

扶贫信贷资金也叫扶贫贷款。商业银行给贫困地区提供的资金扶贫主要通过发放扶贫贷款的方式实现。扶贫贷款有两种：针对个人的小额扶贫贷款与针对企业和基础设施建设的大额扶贫贷款。

如今，贫困地区许多农户为了开展农业种植和养殖，会向银行申请针对个人的小额扶贫贷款，门槛低，贷款成功率高，这样的扶贫贷款利息低，甚至是无息的，因为农业银行主要将“扶贫”当成一项公益事业，获利不是主要目的。另外，农业银行在贫困地区扶持龙头企业，提供资金支持，帮助贫困地区打造产业基地，让贫困地区快速脱贫。

（2）财政扶贫资金。

在我国，最常见的扶贫资金来源是政府。财政扶贫资金也有两部分：国家财政扶贫资金和地方财政扶贫资金。据《三湘都市报》报道：省扶贫办下发《关于下达2020年中央第三批财政专项扶贫资金（扶贫发展）计划的通知》。文件提到，2020年中央第三批财政专项扶贫资金已经下达湖南省。据悉，湖南本批次共获得专项扶贫资金3.6亿元，已由省财政厅下达。3.6亿元的财政扶贫款将下发到湖南省内的各个地市，并形成扶贫计划，再按照计划进行扶贫资金的发放。在我国，财政扶贫资金的使用是非常严格的，扶贫办要求扶贫项目做到层层审批，环环相扣，继而规范扶贫款的发放，确保扶贫款的安全使用。

（3）扶贫互助金。

不是每一个地方都有贷款上的优惠政策。不同的地方，银行给出的政策也不同。许多地区虽然摘掉了贫困帽，但是还有许多贫困人口。如果贷款难该怎么办？为此，这些地方推出了扶贫互助金。所谓扶贫互助金就是农民和农村小微企业加入“扶贫互助社”所缴纳的股金。

《黑龙江日报》曾经报道过扶贫互助金的案例：2006年6月，国务院开展“贫困村村级发展互助资金”试点工作，绥滨县扶贫互助资金以财政扶贫资金为基础，吸收农民自有资金，形成村内互助、有借有还、周转使用、滚动发展的财政扶贫资金使用管理机制，实现贫困村和贫困户自我发展、持续发展。到 2014 年年底，全县已有 41 个村建立了“互助金”协会，入会贫困户达到 6706 户，覆盖全县贫困人口的 1/3，资金总额达 4980 万元，累计向农民借款 1 亿元，为农民节省银行利益 300 多万元……2006 年，吕某一家住在破旧的泥草房里，还有一万多元外债。2007 年，他从互助资金中借款 4200 元，又自筹一部分资金购进 44 只山羊。通过自繁，扩大养殖规模。繁殖出的公羊育成后出售作为发展资金，母羊留下来繁育。8 年间，吕某还清了外债，盖起了砖瓦房。如今，他的山羊存栏 80 多只。①

（4）社会捐助资金。

社会各界都在关注国家扶贫，并且都在伸出援助之手，社会各界捐助的这部分资金就是社会捐助资金。社会捐助资金也是扶贫资金的重要组成部分。社会捐助资金主要有四种，即个人捐赠资金、企业捐赠资金、福利彩票扶贫资金及机关和企事业单位的对口帮扶资金。

演艺界的明星是高收入群体，他们中有许多人加入扶贫公益事业。中国台湾著名演员霍建华因出演《花千骨》等电视剧而名声大噪，他曾多次捐款支持扶贫事业。据相关媒体报道，霍建华曾向中国扶贫基金会捐款 100 万元，这样的行为令人佩服。另外，坚持扶贫的中国香港演员古天乐则是捐助了许多学校，助力贫困地区的孩子上学。企业捐助的社会扶贫公益资金也有很多，2018 年贵州省扶贫基金会收到了恒大集团捐助的 20 亿元扶贫款。据悉，恒大集团计划无

① 杨光．黑龙江：扶贫互助金脱贫“第一推力”［EB/OL］．（2016-01-19）［2020-07-14］．http://www.cpad.gov.cn/art/2016/1/19/art_5_43882.html.

偿投入110亿元帮扶毕节市100多万贫困人口稳定脱贫，截至2018年1月，已累计捐赠到位60亿元。

如果有更多的人、企业加入扶贫事业，并且向贫困地区捐款，也将会加快贫困地区的脱贫进度，让贫困地区早日脱贫。

2. 精神扶贫

某贫困村早已脱贫，但是村子里还有几个懒汉迟迟没有脱贫。其中有一个人姓孙，他的家庭是贫困家庭。

驻村扶贫书记刘某将扶贫款送到孙某的手上，并对孙某说："这些钱留着买点种子吧。只要你勤快种地，也能脱贫。不要指望每个月的这点补贴，柴米油盐贵，到时候你不够花。"孙某不是不懂种植，他懒惰，酗酒。因为酗酒，妻子与他两次闹离婚。为了做好他的思想工作，刘某用村里的一个原来的懒汉致富的例子激他："你看，孙某某都开始种地了，今年收成不错，一下子就赚了8000元钱。8000元钱啥概念？完全可以将旧房子翻新一遍。这不，他刚刚买了一台42英寸的大彩电。你呢？如果你继续喝酒，你永远也赶不上他。瞧瞧你家的电视机，还是20世纪的产物。"

书记用激将法激孙某，但孙某没有理解书记真正的用意，他看到自己的发小赚了钱，就开始眼红"搞破坏"。后来他做的事被扶贫干部发现了，扶贫干部对其进行了一番教育。扶贫干部等连续多次对孙某进行精神扶贫工作，最后产生了神奇的效果。孙某向书记承诺："要不我试试看？我也种种果树，看看能不能买上大彩电！”

事实上，孙某看到街坊邻居都过上了好日子，自己心里也不好受。于是他把全部精力用在了果树上，并且戒了酒。果树一天一天成长，从树苗到大树，从开花到结果……果树的成长也让孙某发生了彻底转变。当他收获果实，并且赚到第一笔8000元时，他兴奋得不得了。这时的孙某已经是一个准备撸起袖子大干一场的先进村民了。三年后，孙某又承包了40亩果园。如今，孙某一家年收入8万元，早已经摘掉了贫困帽，过上了富裕的生活。

这是一个典型的精神扶贫的故事，扶贫干部的思想工作奏效了，改变了贫困户的精神状态。有人说：“贫困的原因是拥有贫困思想。”人人都可能有一种自卑感，不敢正视自己，不相信自己有巨大的本事和能量。就像下面这个故事。

吴某在一家小企业上班。这家企业效益并不好，他的收入不足以维持整个家庭的开支。后来，吴某的妻子突然住院。紧接着，他的女儿还要准备考大学，这让本不富裕的家庭雪上加霜。

扶贫干部来到吴某的家中，将2000元“慰问金”塞到吴某的手里。吴某非常感动，但是2000元钱并不能起多少作用。扶贫干部对吴某说：“你也要转变思路。如果企业不行了，干脆跳出来自己做事！”

吴某不是不勤快，但他是个老实人，有自己的顾虑：“我没有经过商，也不懂得经营。我是怕到时候赚不到钱，还要赔钱。”在扶贫干部的精神帮扶下，吴某的思想有了转变。

后来，吴某趁着公司裁人之际辞职，并申请了失业金。在扶贫人员的帮助下，他顺利从农业银行贷款，然后经营早点生意。吴某老实、勤快，绝不会偷工减料。正因如此，他的早点生意非常好。开业第一个月，他就赚到了6000元钱。赚到钱的吴某有了自信，他坚信凭借双手可以让自己的生活更好，让家人过上富裕的生活。

做了三年早点生意，吴某还清了银行贷款和给妻子看病借的钱，而且雇了两个人。现在，吴某每个月可以赚到一万多元，生活渐渐富裕起来。

转变了思想，也就拔除了“穷根儿”。有一位扶贫干部分享自己的经验时说：“真正的扶贫是精神扶贫，拔除贫困户的‘穷根儿’，给他们自信，让他们相信自己，相信凭借自己的本事也能过上好日子。如果他们接受了这个想法，对自己有了全新的认识，有了‘致富’思想，就会放开手大干一场！”

国家主席习近平说过这样一段话：“扶贫先要扶志，要从思想上淡化‘贫困意识’。不要言必称贫，处处说贫。”淡化贫困意识，还要将资金扶贫与精神扶贫相结合，“输血”的同时还要教会他们造血，给予他们脱贫的信心。当贫困户拔除了深藏内心的贫困意识之后，会拥有脱贫致富的信心。对于广大的扶贫工作人员来讲，要用真心、爱心、细心唤醒贫困户的“致富意识”，做好精准扶贫工作。

3. 技术扶贫

除了资金扶贫和精神扶贫，技术扶贫也十分重要。俗话说："授之以鱼不如授之以渔。"将赚钱的本领传授给贫困地区的人们，能让他们摘掉贫困帽。

湖北省宜昌市五峰土家族自治县傅家堰乡白庙村是一个贫困村。白庙村虽然是一个传统的柑橘种植村，但是柑橘树种老化，产量不稳定，柑橘价格也提不上去。想要脱贫，白庙村的村民就需要找到合适的解决问题的办法，即更换柑橘品种，提升产量，提升柑橘价格……综合这些信息，白庙村的村民需要掌握种植柑橘的新技术。

扶贫办为了解决柑橘的种植技术难题，聘请柑橘合作社理事长张某为特约技术员。张某是当地能人，曾经联合多个柑橘种植户成立合作社，将柑橘远销外地。与此同时，张某是种植柑橘的专家。为了提升柑橘经济效益，白庙村建设了柑橘示范园。张某对来访的记者说："这片橘园是我们建设的柑橘高效示范基地，这里用有机肥替代化肥，采取生态防控措施，亩均节本增效 500 元以上。"示范园内的柑橘实验成功后，相关人员就会向白庙村的广大柑橘种植户进行技术推广。学到技术的农民覃某开心地说："今年柑橘挂果比往年要好，多亏了我们的农民技术员手把手教我们。"

《光明日报》报道：近年来，针对 832 个贫困县产业需求，农业农村部指导各地组建4100多个产业扶贫技术专家组，并在“三区三州”所在的6个地区建立科技服务团、529个产业技术专家组。技术专家深入产业一线，解决技术难题，为产业扶贫插上腾飞的翅膀。[①] 由此可见，技术扶贫是解决贫困的重要手段。许多贫困地区开设技术扶贫讲堂，起到了很好的效果。

说起扶贫技术讲堂，就不得不提广西贵港市港南区的“扶贫讲堂”。自2016年至2018年5月，贵港市港南区已经举办了182期扶贫讲堂。扶贫讲堂开讲之后，这里就坐满了前来学习的农户。有农户说：“扶贫讲堂不仅送来了技术，更送来了致富经。”许多农户没有上过学，或者没有科学种植的经验，扶贫讲堂无疑给他们创造了学习的好机会。

贵港市港南区新塘镇万福村是火龙果种植基地，其中600亩火龙果种植示范园寄托着万福村村民的希望。只要规模种植插上了技术的翅膀，村民们就能依靠火龙果脱贫致富。万福村村民宋某说：“以前是家人来听课，她听农业局技术员说种植火龙果效益好，就跟着学了种植技巧，早就想让我们家也跟着种。我打算在家里三亩龙眼树底下套种火龙果，挣更多的钱！”

其实，宋某原先也是贫困户。宋某先在村里搭鸭棚，与公司合作养了3000只鸭子脱了贫。尝到了甜头的宋某决定在自己家的龙眼树下套种火龙果，不仅要脱贫，还要致富！看到火龙果，宋某仿佛看到了希望，而且他有强烈的套种火龙果的热情：

① 李慧．4100多个产业扶贫技术专家组深入一线解决难题——为产业扶贫注入科技力量［N］．光明日报，2020-06-05（1）．

“以前家里亲戚从越南拉火龙果回来卖，谁知越南的火龙果不耐运，亏得一塌糊涂。我们港南的富硒火龙果耐运、品质好、效益高，发展农业产业政府还有政策补贴。扶贫讲堂真是给我们指了条致富路啊！”

如今，贵港市的扶贫讲堂的专家们直接到村里现场授课，这样的技术交流更有利于村民进行消化吸收。新塘镇党委书记说：“万福村开展的扶贫讲堂让群众能够结合实地去感受、操作扶贫模式，调动群众的积极性，达到学以致用的目的。”

有人问：“技术扶贫讲堂该如何开展呢？”每一个村子基本都有农业站、农经站和兽医站，可以组织这些站点的技术人员对农民进行技术传授。某贫困地区扶贫办联合多个技术站点形成技术扶贫团队，并在每个农村开设扶贫讲堂，定期开课。开课之前，扶贫讲堂的工作人员还要做好两项准备工作。

（1）做好通知工作。

扶贫讲堂开课之前，工作人员要挨家挨户走访，通知农户参加扶贫讲堂。与此同时，做好登记工作。

（2）制作《学习手册》。

扶贫讲堂开课之前，需要给前来培训的农户们提供教材。如果没有相关教材，就需要将传授的技术汇编成《技术手册》或《学习手册》，方便农户学习。

做好以上两项准备工作后，就是扶贫讲堂的具体授课环节了。由于文章篇幅所限，扶贫讲堂的具体开展方式可参考其他相关文献。如果银行采取“资金＋精神＋技术”的方式进行扶贫，扶贫效果会更好、更有效。

第五节 扶贫的核心方法

1. 不放弃每一个人

有一部经典的电影叫《一个都不能少》，导演是张艺谋。电影根据施祥生的小说《天上有个太阳》改编而成。电影中的主角魏敏芝是一个家庭经济困难的孩子，后来被任命为一个偏僻小学的“老师”，主要工作是看住班上的所有学生。就在这个时候，一个名字叫张慧科的孩子因家庭贫困而辍学，十三岁的魏敏芝决定将辍学外出打工的张慧科找回来。经过自己的不懈努力，魏敏芝通过电视台找到了张慧科，而且得到了社会的捐助，为学校筹集了教学用品。

对于扶贫工作而言，我们也不能放弃任何一个人。只要还有一个人没有脱贫，整个地区的扶贫工作就不能停下。“不放弃每一个人”体现了扶贫的态度，更体现了一种全心全意为人民服务的精神。国家主席习近平曾强调指出：绝不能让一个少数民族、一个地区掉队，要让 13 亿中国人民共享全面小康的成果。

央视扶贫电视剧《一个都不能少》产生了强烈的社会反响。首先，这是一部客观反映扶贫攻坚的电视剧，是根据真实故事改编的。其次，这部电视剧展示出了扶贫中的奋斗精神，村干部在扶贫工作中付出了极大心血，为了让所有人脱贫致富，他们展现了人性的光辉，最终带领所有人脱贫。

电视剧里，三个“老大难”分别是姜大嗓、贾吉祥、三不沾。三个人致贫的原因各不相同。姜大嗓不是懒汉，只因在外打工有过不好的遭遇，意志消沉。当他的妻子怀孕之后，在村干部的思想动员下，他意识到，这样消沉下去不足以让妻儿过上好日子。于是，他萌生了开卤肉店的想法，后来他也是靠开卤肉店摘掉了贫困帽。与姜大嗓不同的是，贾吉祥思想保守，内心没有脱贫致富的概念。但是贾吉祥是一个养牛技术能手。为了让他赚到钱，村干部将他安排到养牛场工作。在拥有了一份自己喜欢的工作后，贾吉祥被唤醒了。有了稳定的工作，贾吉祥也脱了贫。三不沾脑子很灵，因此有了“不下力气赚钱”的想法……当碰过几次钉子之后，他在果园里找到了自己的人生价值。三个“老大难”都脱了贫，电视剧中的丹霞村也取得了脱贫攻坚战的最终胜利，丹霞村已是远近闻名的富裕村。

电视剧中的丹霞村发扬了“不放弃每一个人”的扶贫精神集体脱贫，现实生活中，新疆疏勒县库木西力克乡亚克什拉克村也是如此。亚克什拉克村拥有村民约 450 户，经过两年的脱贫攻坚，还有 13 户家庭没有脱贫。为了帮助他们脱贫，该村村支书牛某展示出一个共产党员的党性，对这 13 户家庭进行走访。这 13 户家庭中，有 7 户家庭拥有健全的劳动力，因此村里帮助这些家庭的劳动力安排工作。由于他们的学历不高，牛某在工作安排方面花费了不少心思和精力。其余 6 户家庭没有健全劳动力，只能帮助他们申请相关补助，并且将他们的土地流转出去。

牛某认为，扶贫需要一户一户进行攻坚。事实上，其他贫困地区的扶贫攻坚也是采取“致富路上，一个也不能少”的方式，让所有的人摘掉贫困帽。牛某感慨：“习近平总书记在十九大报告中指出，让贫困人口和贫困地区同全国一道进入全面小康社会是我们党的庄严承诺。我们要牢记总书记的嘱托，做到脱真贫、真脱贫，在脱贫路上，亚克什拉克村村民一个都不能落下。”如今的亚克什拉克村已经实现了全部脱贫。

农业银行在助力扶贫的道路上，同样发扬了“一个也不能少”的扶贫精神，对贫困村的贫困户进行“一对一”服务。农业银行驻村扶贫人员长期与贫困户进行沟通，帮助他们提升脱贫技术。当他们需要其他帮助的时候，扶贫人员就会亲自为他们进行业务办理。如某贫困户打算从事特种养殖，并且在开养殖场之前已经熟练掌握了特种养殖技术。经过农业银行专家的风险评估，农业银行决定向该贫困户发放惠农贷款，贷款金额是5万元。拿到贷款之后，贫困户在扶贫人员的帮扶之下搭建圈舍，购买种苗开始养殖。经过两年的精心培育和饲养，该农户年收入达到7万元，痛痛快快地摘掉了贫困帽。

在农业银行的“一对一”帮扶下，许多贫困户摘掉了贫困帽。某地区农业银行支行行长说：“想要打赢一场战争，就要攻下所有的山头。只要还有一个山头没有被攻下，这场战争就没有结束！”是啊，只有帮助所有人脱贫，才算打赢这场脱贫攻坚战！

2. 帮助贫困地区造血

扶贫不仅需要为贫困地区输血，更要帮助贫困地区造血。如果只输血不造血，刚刚摘掉贫困帽的地方极有可能返贫。言外之意，造血比输血更重要。好比一个人由于疾病原因，需要输血。但是，输血只能维持生命，并不能让这个人彻底好转。如果医生能够解决患者的造血问题，就可以彻底治愈这个人的疾病。扶贫与治病的机理是相同的，帮助贫困地区造血，才能彻底治愈贫困病。

输血与造血同等重要。输血，可以快速缓解贫困地区的贫困情况。贫困地区的贫困户收入低，生活困难，给贫困户发钱，可以快速缓解贫困户困难的生活现状；交不起学费将要辍学的孩子，如果拿到扶贫救济金，就能回到学校上学；没有钱买种子化肥的农户，拿到钱之后就可以解决种地问题……但是，金钱只能解决当前问题，却无法解决根本问题。造血等同于给“贫血”的贫困地区移植造血干细胞，恢复贫困区的造血系统，让贫血的贫困地区恢复健康，拥有自己的脱贫产业。帮助贫困地区造血，才是一项一劳永逸的伟大工作。当然，输血与造血关系紧密。输血与造血要配合进行，方可治愈疾病。农业银行恰恰采取了“输血 + 造血”的方式帮助贫困地区脱贫。

2020 年 4 月 23 日，临汾新闻网刊登了一篇名为《农业银行临汾分行：“输血 + 造血”精准扶贫见成效》的文章，这篇文章十分有启发性。农业银行临汾分行的具体扶贫工作是这样的。

（1）输血，完善贫困村基础设施建设。

前面我们讲过，许多地区贫困的原因很简单，农村基础建设不完善，公路不通，对投资商毫无吸引力，这也导致了村内商品卖不出去，无法吸引外来投资。输血的目的就是改良“病人”的“身体状况”，让这个“病人”符合进一步治疗的条件。农行临汾分行坚持从“保增长、惠民生、促发展”的高度出发，选派“第一书记”进驻帮扶村，与村干部认真研究，以完善基础设施建设为起点，从贫困户最迫切需要的生活物资做起，真扶贫、扶真贫。该行积极调整扶贫政策，加大财务倾斜力度，以实实在在的措施惠及贫困户。他们先后向永和支行拨付扶贫费用累计640余万元，除用于支持贫困村党建工作、学校教育、贫困户基本生活外，还打水井1处、捐赠抽水设备2台、实施异地搬迁11户、申请光伏发电2处、修路2公里。①

输血也要精准，只有彻底解决了贫困村的基础设施问题，才能开始第二步的造血工作。

（2）造血，实现产业扶贫。

如果一个病人通过输血的方式身体达到了可以接受手术治疗的程度，医生就要给病人做手术了。扶贫“手术”就是产业扶贫，给贫困村一套“造血器官”。但是，在“手术”开始之后，输血的工作决不能停。“手术”前的准备工作也很重要，农业银行临汾分行是这样做的。临汾新闻网报道，为让贫困户享受到“足不出村、足不出户”的现代化金融服务，该行重视政策设计和资金分配。在扶贫措施的实施过程中，他们严格按照总、分行批准下达的扶贫项目计划拨付使用资金，加快扶贫资金拨付，严格限期下达、及时办结。该

① 吴云峰．农业银行临汾分行：“输血＋造血”精准扶贫见成效［EB/OL］．(2020-04-23)［2020-07-16］．http://www.lfxww.com/2019/fdxsd/2633401.html.

行安排专项资金200余万元，在帮扶乡镇建立了15个金融综合服务站……该行还与县健康和体育局合作，为各级村委安装了65部POS机（销售点终端机），8户互联网交费类商户，在全县范围内消费市场构建了一个全方位、立体化、大容量的惠农平台，彻底打通了农村地区金融服务“最后一公里”。[①]

“金融服务站”和“惠农平台”建设完毕，等同于做手术的医护人员全部到位了，之后脱贫“手术”才正式开始。农业银行临汾分行从服务小微和民营企业出发，抓住产业扶贫的关键，帮助贫困村找到脱贫致富的路子。临汾新闻网报道，通过严格的调查、审查、审批等环节，对符合信贷政策的涉农企业提供信贷资金支持，先后为山西美特好有限公司等项目注入信贷资金500余万元，帮助企业扩大再生产，提升企业经营效益。[②]贫困村有了自己的龙头企业，相当于有了自己的造血器官。

扶贫相当于医生治病，如果 名优秀的扶贫干部能给贫困地区“输血+造血”，就能治愈贫困地区的贫困病，帮助贫困地区脱贫。

3. 反复扶，防返贫

有人问：“脱贫之后会不会返贫？”脱贫后返贫这种现象是存在的。如果贫困地区的“造血系统”并不能起到长期造血的作用，也

① 吴云峰．农业银行临汾分行：“输血+造血”精准扶贫见成效［EB/OL］.（2020-04-23）［2020-07-16］. http://www.lfxww.com/2019/fdxsd/2633401.html.

② 同①.

会产生扶贫失败的现象。在扶贫失败的情况下，摘掉贫困帽的贫困地区就会返贫。2020年，新冠肺炎疫情导致世界经济环境发生巨变，不确定的因素太多。想要防止脱贫后的地区返贫，扶贫部门还需反复帮扶这些地区，直到这些地区“造血产业”健康、稳定、持续发展。

2020年年初，新冠肺炎疫情突发，我国为此连续出台多项应对措施，应对疫情的方案需要摸索，解决贫困问题的方案也需要不断摸索完善。扶贫攻坚没有“特效药”，需要采取“综合辅助治疗手段”才能治好“贫困病”。中国的扶贫经验是摸索出来的，并没有先进的国外经验可借鉴。

（1）给贫困地区提供“床位”。

贫困是一种“社会病”，扶贫部门应该像医生对待病人那样，帮助贫困地区诊断，给贫困地区提供“床位”。所谓“床位”，就是调动扶贫资源到贫困地区，为下一步开展扶贫工作做准备。

（2）给贫困地区综合“诊断”。

治病需要对疾病进行综合诊断，扶贫也是如此！扶贫部门驻村之后，需要对贫困村进行详细了解、调查并形成数据，总结贫困村的“贫困病”的类型，并且给出最好的、最科学的扶贫方案。

（3）给贫困地区提供综合“疗法”。

治疗是一件“复杂”的事情，针对扶贫，要做好三项工作：第一，给予资金帮扶，阻止贫困村进一步贫困；第二，采取一定的手段提升脱贫能力，如基础设施建设，对贫困户进行精神扶贫和技术扶贫，根据实际情况，给予惠农贷款支持；第三，给贫困地区造血，针对当地情况，打造一套不断创造利润的产业体系，如同医生给患者重建造血系统。

（4）给贫困地区提供长期“服务”。

扶贫部门对待贫困地区和贫困户要做到长期观察与服务，当扶贫产业形成之后，还要继续给其提供全方位的服务，要定期随访，按要求定期检查。这种不断帮扶的扶贫方式也体现了中国人“攻坚克难”的传统精神，不到最后一秒，决不罢休。当贫困地区的人民彻底摆脱贫困，当贫困地区的扶贫产业连成一片，已经不再需要“政策干预”，当贫困地区已经形成健康的“经济气候”，贫困地区的“贫困病”才算彻底治愈。

《国务院扶贫开发领导小组关于建立防止返贫监测和帮扶机制的指导意见》指出建立防止返贫监测和帮扶机制的基本原则：坚持事前预防与事后帮扶相结合，坚持开发式帮扶与保障性措施相结合，坚持政府主导与社会参与相结合，坚持外部帮扶与群众主体相结合。如果我们的扶贫部门能够按照以上四个原则，再结合“像医生治疗病人”那样的方式去扶贫，就能防止贫困村脱贫后返贫。就像吉林省龙井市副市长所说：防止返贫要早打“预防针”，少吃“后悔药”。要对症下药，增强“造血”功能，持续提升群众“自身免疫力”、防返贫和发展能力。坚持带动贫困人口稳定增收是“王道”，注重科学素养提升和职业技能培训是“硬核”。把“短期靠打工、中期靠产业、长期靠教育”结合起来，拓宽技能脱贫新路，使贫困地区劳务输出、贫困人口就业扶贫更多由体力型向技能型、由普工向技工转变。①

① 杨文军.防止返贫要提前采取针对性帮扶措施[EB/OL].(2020-04-22)[2020-07-16].http://www.farmer.com.cn/2020/04/22/99851392.html.

4. 绩效团队扶贫

扶贫工作是一个“体量”很大的工作，一个人是无法完成的。想要打赢脱贫攻坚战，扶贫办需要成立专业的帮扶团队，团队成员各司其职，各自发挥优势。帮扶团队还要体现绩效，即单位时间内完成绩效任务指标，倒推硬逼，发扬敢为人先的工作精神。

2019 年 5 月，《黑龙江经济报》报道了一个关于扶贫攻坚的“铁军团队”的故事，富裕县扶贫中心荣获黑龙江省扶贫开发工作先进集体称号，被誉为“无愧扶贫攻坚铁军团队”。《黑龙江经济报》写道：脱贫攻坚难，巩固脱贫攻坚成果更难。为了解决好这个难字，他们积极创新“四关审定”动态管理，得到了全县普遍重视和推广。对照“两不愁三保障”标准，用一把尺子衡量，并采取“一二三四五”工作法，严格执行“两评议、两公示、一比对、一公告”的动态管理程序，严把村级选定关、“第一书记”核查关、乡镇审核关、县级审定关。这“四关”确保了贫困人口识别、退出据实精准。[①]

在这篇报道中，有一些扶贫专业词汇。这些词汇也是“铁军团队”的扶贫工作思想。

“四关审定”即四层审定，基层初审、检查审理、审查审理和集体审议。扶贫中的“四关”需要在每一项扶贫工作流程中体现。“四关审定”体现了一种严谨的工作作风。严格按照“四关审定”部署工作，将会大大降低扶贫工作中的失误率，让扶贫更加精准、高效。

“两不愁三保障”是中国在易地扶贫搬迁中提出的主要目标，“两

---

① 娇海，周丽，笑研，等. 富裕县扶贫中心锻造扶贫攻坚铁军[EB/OL].(2020-05-21)[2020-07-16]. http://www.moa.gov.cn/xw/qg/201905/t20190521_6313046.htm.

不愁”即不愁吃、不愁穿；“三保障”即义务教育、基本医疗、住房安全有保障。“两不愁三保障”是脱贫的基本标准，只有实现“两不愁三保障”才能完成脱贫工作。不愁吃、不愁穿、义务教育有保障、基本医疗有保障、住房安全有保障五个指标可形成绩效考核任务，分别由扶贫团队中的不同工作人员去完成。

“一二三四五”工作法，即一个目标、两大抓手、三项重点、四化提升、五个保障。

一个目标即扶贫绩效团队制订的绩效目标，有了绩效目标，才能督促团队中的成员去工作。以目标为导向，扶贫工作完成的进度、质量也就能体现出来。

两大抓手即人居环境改善和产业兴建两手抓，两手都要硬。改善贫困地区的人居环境，不仅可以提升老百姓的生活质量，而且能吸引投资；兴建产业，就是帮助贫困地区造血，以产业带动脱贫。

三项重点即补齐短板、激发内生动力、强化责任意识。只有落实三项重点，才能确保扶贫任务完成。

四化提升中的四化即互动化、项目化、社会化、特色化。互动化就是让扶贫团队搭建互动平台，与贫困地区的居民有效互动、沟通，方便服务。项目化即引进扶贫项目管理机制，凡事依靠机制，提高扶贫工作的科学管理水平。社会化就是让扶贫团队将扶贫工作推向社会，整合各种社会资源，借助扶贫平台优势，建设扶贫大舞台。特色化就是让扶贫团队因地制宜，根据贫困地区的资源优势，发展特色扶贫项目，继而帮助贫困地区脱贫。

五个保障即组织保障、要素保障、政策保障、机制保障、纪律保障。其中，组织保障就是要发挥强大的组织力量，形成强大的扶贫绩效团队。要素保障有四大要素，即动力要素、资金要素、企业家才能要素、科教医学要素，这也是扶贫攻坚的四个关键要素。政策保障就是让扶贫绩效团队在保障性政策下，完成扶贫任务。至于机制保障，前面我们多次讲到引进机制对扶贫工作的重要性。纪律保障即加强“三大纪律”，“三大纪律”分别是政治纪律、群众纪律、工作纪律。只有遵守“三大纪律”，才能确保扶贫绩效团队的工作的质量，形成扶贫攻坚的“纪律—法律”体系。

如果我们的扶贫绩效团队能够按照上面的工作思想、工作标准去扶贫，就能提升扶贫绩效、提升扶贫精度、提升扶贫维度、提升扶贫质量。这“四个提升”能确保扶贫绩效团队打赢脱贫攻坚战，完成扶贫目标。

5. 智慧扶贫

扶贫也需要智慧，而不是盲目出蛮力。事实上，做任何工作都需要智慧。扶贫相当于打仗，打仗需要各种战略战术。古人们行军打仗讲“三十六计”，历史上赫赫有名的战争，最后的胜利者都属于聪明人。在扶贫工作中，扶贫部门都需要哪些智慧呢?

（1）提高贫困地区教育水平。

贫困地区教育是落后的，许多人受教育程度不高，因此受穷。帮助贫困地区脱贫，需要给贫困地区的人们更多受教育的机会。这样的扶贫，相当于借助教育给贫困地区的人们以智慧。

教育补充智慧，补充智慧的教育有两种：义务教育和成人教育。加强义务教育，让贫困地区所有的适龄孩子都上学，让他们接受好的教育，将他们培养成能为人民做贡献的人才；加强成人教育，让更多农民得到教育扫盲的机会，让贫困地区的人们重新认识世界，从而靠“知识”脱贫。教育扶贫也是一种智慧扶贫方式，帮助贫困地区的人们开启自我脱贫的智慧头脑，等同于帮助贫困地区的人们脱贫。

（2）扶贫贵在“精”。

其实，精准扶贫就是一种智慧扶贫。扶贫贵在“精”，“精”体现在六个方面，即扶持对象精准、项目安排精准、资金使用精准、措施到户精准、因村派人精准、脱贫成效精准。扶贫开发推进到今天这样的程度，贵在精准，重在精准，成败在于是否精准。

如何才能体现“精”呢？一方面，贫困地区需要一支“技术装备”齐全的扶贫团队，团队成员要有强大的责任心和办事能力，扶贫攻坚要讲“三心”，才能体现“精”；另一方面，贫困地区需要一群“精于”各种扶贫知识的人，这群人用自己“精深”的专业，帮助贫困地区搭建脱贫平台，继而帮助贫困地区的人们脱贫。

（3）借助科技的力量。

科技决定生产力。许多贫困地区之所以贫困，是因为生产力低下。宁夏出产枸杞，如果深化枸杞特色产业，就能帮助贫困户脱贫，那么科技能否在枸杞产业中发挥作用呢？我想，发展枸杞产业需要三种科技力量。

① 种植科技。科学种植，不仅可以提升枸杞的产量，而且能提升枸杞品质，让枸杞产品更具竞争力。

② 数字科技。如今是互联网时代，可以用互联网技术或者其他数字技术帮助贫困地区搭建“产供销”平台。比如平安保险公司采取了这样的扶贫技术，通过区块链、AI（人工智能）溯源技术，帮助农户打造产销“一条龙”服务，在产品质量把关、采收、整理、

包装的过程中，做好质量控制；同时对接产后的销售渠道，通过强大的电商平台帮助农户打开销路。

③ 创新科技。在产业扶贫中，所有能够起到帮扶作用的科技都是创新科技，创新的目的在于提升枸杞的产品价值，延伸枸杞产业链，把枸杞加工成更为值钱的“软黄金”。

（4）管理之道。

扶贫也是一门管理学问，只有懂管理的扶贫干部，才能快速带领贫困地区脱贫；否则，扶贫工作就要费些周折。因此，扶贫需要拥有管理智慧的扶贫干部。扶贫攻坚，需要哪些管理智慧呢？

① 用人智慧。知人善任，用人之长，避人之短。懂得如何用人，才能发挥人在扶贫攻坚中的价值。懂得用人，才能让不同的人在自己最擅长的领域里工作。有人说：“用对人，才能做对事！”

② 沟通智慧。管理的本质是沟通，如果扶贫干部不懂沟通，也就无法了解贫困背后的真相。沟通也是智慧，沟通能够解开看似解不开的死结，解决扶贫中存在的问题，化解扶贫中存在的矛盾。

③ 管事智慧。如何才能起到“管事”作用呢？“管事”的学问太大、太深，但是包含了以下几种管理要素：第一，诚信，诚信第一、利益第二，讲诚信才能得到对方的信任；第二，利益，只有把利益留给贫困地区，才能体现出“管事”的智慧；第三，授权，想要把扶贫管理工作做好，扶贫干部要大胆放权给工作人员，充分发挥他们的主观能动性，让他们在扶贫的舞台上展示自己的能力。

如果我们的扶贫部门和扶贫干部能掌握并将上述“四大智慧”运用到扶贫工作中，就能带领贫困地区的人们脱贫致富。

第六节　扶贫的十大工程

1. 驻村帮扶工程

如何才能将扶贫工作落实到位呢？我想，除了坚持必要的扶贫原则，还要把扶贫工作当成一项伟大的工程来做。扶贫有十大工程，驻村帮扶工程是一项惠及民生的工程。如何才能将驻村帮扶工作做好呢？可以从以下三个方面做好这项工作。

（1）工作到村。

工作到村不是一句空话，扶贫工作人员要实实在在地将扶贫的办公地点搬到贫困村，而不是遥控指挥扶贫。

有些工作人员养成了遥控指挥的习惯，他们认为，决策者只需负责发布命令即可。有这样一个故事：某企业有贸易业务，一直从海外采购煤炭。为了顺利完成采购计划，该企业派一名工作人员长期驻港。这个工作人员与港口人员熟悉了之后，便开始了“遥控指挥”，比如遥控装卸等。有一次，一辆汽车出了问题，而这名工作人员并不在场，直接导致船舶滞港，给企业造成了严重的损失。后来，企业对这项事故进行追责调查，才发现：这名工作人员并没有亲临现场，而是采用电话指挥操作。

工作不到村的“扶贫”，难以称为“扶贫”。扶贫工作与故事中的码头作业一样，需要工作人员在扶贫的“码头”上做好各项工作。如果扶贫工作人员遥控指挥，就会脱离实际，也就无法践行扶贫理念。工作到村也是驻村帮扶工程的基础。试问，工作不到村的帮扶工程还能叫驻村帮扶工程吗?

(2) 扶贫到户。

贫困地区的贫困，是由许多个贫困户组成的，而不是所有人都贫困。山东沂蒙老区的贫困村，村里人以种植农作物为生。就是这样的贫困村，也并不是所有的人都贫困。有一个能人凭借自己的本事，建了企业，企业拥有员工几百名，年利润高达几千万元。但是，这不能代表全部，依旧有许多贫困户为衣食住行发愁。

扶贫到户，就是要挨家挨户了解情况，给真正的贫困户建档立卡，了解贫困户的贫困原因，有针对性地进行扶贫。山东沂蒙老区的扶贫是这样的：针对有劳动能力的贫困户，给予工作安置，或者技术培训，给这些贫困户以“造血系统”；对于没有劳动能力的贫困户，要对他们进行相关补助，给他们钱和物，甚至形成“扶贫互助组织”，让组织长期服务于这些贫困户。

扶贫到户是继工作到村后的又一项重要工作，旨在让扶贫工作的落实更加到位，能落实到“人头”。只有贫困村的所有人都脱了贫，才能彻底帮助贫困地区脱离贫困，也能给其他扶贫团队带好头。

(3) 责任到人。

某地区农业银行响应国家扶贫政策，对片区内的贫困村、贫困户进行扶贫，并驻村形成帮扶团队，团队按照企业的方式进行编排，并采取了绩效考核模式对扶贫工作人员进行考核、测评。其中，责任到人是永远无法绕开的话题，扶贫工作人员只有全心全力去工作，敢于承担责任，才能把扶贫工作做好。

林肯说过，每一个人都应该有这样的信心：人所能负的责任，我必能负；人所不能负的责任，我亦能负。如此，你才能磨炼自己，求得更高的知识而进入更高的境界。责任到人有以下三种体现。

①分工明确。既然是团队入驻，扶贫工作组就需要对团队成员进行工作分配，给他们工作，给他们任务，对他们考核。有了明确的分工，每个人才能在自己的工作岗位上发挥作用。分工明确了，也就不会在工作中发生“冲突”，也能杜绝推诿扯皮的现象。

②奖惩分明。绩效考核是奖惩分明的，按照标准去奖惩，就能唤醒扶贫工作人员的积极性和责任感。奖惩是一种公平的体现，奖惩也是对团队成员的有效评价。

③勇于担当。勇于担当是一种精神，只有勇于担当者，才能创造奇迹。有位哲人说：“有一种力量是从你那个跳动的心中发出的，它会指引你去做你认为重要的事，并且一定会竭尽全力，这就是担当。”只有勇于担当者，才有扶贫攻坚的能力。如果人失去了勇于担当的精神，就会出现工作上敷衍的情况，不仅浪费时间、浪费资源，而且会耽误扶贫攻坚的时机。

如果我们的扶贫团队能做好工作到村、扶贫到户、责任到人，就能做好驻村帮扶工程。

2. 职业教育培训工程

有人说：“穷什么也不能穷教育。”教育传授给人以知识，知识能改变命运。在我国，有非常多的“穷山村飞出金凤凰”的案例。

杜某是贫困村的孩子，他有一个梦想，希望自己能考上名牌大学。虽然杜某的家庭条件不好，但是杜某的父母非常希望杜某能考上大学，离开农村，去城市生活。为了供杜某上学，杜某的父亲去县城打工，每个月只能回来一次。杜某是一个品学兼优的孩子，高考以优异的成绩考上了重点大学。大学期间，杜某开始勤工俭学，没有让父母花一分钱。大学毕业之后，杜某留在大学所在的城市工作、生活……

有一次，杜某回到老家，看到老家的许多孩子依旧面临辍学的境况，而成年人多半缺乏教育经历，没有能力改变命运。杜某与父母协商后决定，从城市返乡，回到老家帮助家乡人民脱贫。杜某想到的扶贫方式是“教育”。他自掏腰包，建了一所学校，学校主要针对村子里的劳动力。有人问杜某：“为什么不做孩子教育？”杜某说：“如果让孩子的家长掌握技能，让孩子的家长能赚到钱，他们就会把孩子送到大山之外的学校。”

杜某开班授课，课程是完全免费的。有一段时间，杜某的资金非常紧张。为了筹集资金，他开始做电商。做电商并不容易，尤其在起步阶段。就在这时，农业银行向他伸出了援助之手，给他提供了一笔贷款。拿到这笔款之后，杜某一边做生意，一边坚持自己的免费“成人教育”。一年之后，效果开始显现。掌握电商经营技术的农民开始向杜某那样做电商，将自己家的土特产以高于当地收货价的价格售卖给城市客户。

随着从事电商的农民越来越多，杜某的家乡开始形成电商产业。一方面，农民朋友扩大种植，在“成人课堂”学习科学种植法，提升土特产的产量和品质；另一方面，农民朋友在杜某的“成人课堂”学习宣传、包装技术，进一步提升产品的价格。

三年之后，杜某带着几十个农户走上了“教育—电商”的发家致富之路。如今，杜某所在的村子已经彻底摘掉了贫困帽。

杜某在这个成功的扶贫案例中，起到了怎样的作用？教育培训。是的，杜某帮助家乡搭建了一套“教育培训”系统，并以此为基础，带动大家做电商，发展特色产业。换言之，杜某给贫困村打造了一个职业教育培训工程。教育培训是一种“精准”的扶贫方式，教育培训相当于给村民提供了“捕鱼技能”，村民凭借这种技能，就能掌握脱贫的能力。

《吉林日报》刊发过一篇文章，文章的名字叫《让职业教育助力精准扶贫》。文中写道：职业教育是最直接、最有效、最精准的脱贫举措，要统一认识、统一行动，切实把职业教育助推精准脱贫抓紧抓实、抓出成效。要突出特色、紧盯市场，开设市场急需的特色专业，集中力量打造特色专科，形成一批优势品牌。要立足办好一流职业技术学院目标，创新思路、深化改革、强化管理，激发人才活力，提高办学水平。要坚持经济效益和社会效益相统一，整合培训资源，加大贫困家庭培训力度，确保每户贫困家庭都有一人掌握一技之长，实现就业一人、脱贫一家、惠及几代的重要作用。

案例中的杜某，凭一己之力带领乡村脱贫。银行资源更多，起点更高，完全可以帮助贫困地区搭建职业教育培训工程。通常来讲，银行扶贫部门可以按照以下内容去做。

（1）建造职业培训学校。

给贫困地区办学，吸引职业培训方面的人才驻校。根据贫困地区的人文、地理等条件开发特色课程，有针对性地对贫困地区的劳动力进行职业培训，让他们掌握改变贫困命运的技能。

（2）给予教育培训补贴。

如果扶贫职业教育机构在开业之初遭遇资金等方面的困难，相关部门应该给予帮助或者补贴，盘活教育资源。与此同时，要加大招生力度。如果贫困地区的劳动力对职业教育培训不感兴趣，或者参与度不高，还需要扶贫部门登门做他们的思想工作，让他们积极参与职业教育学习。

（3）以学校为中心扶植产业。

有人说："实践出真知。"在贫困地区的劳动力掌握了技能之后，就需要给他们一块"试验田"。"试验田"可以是产业基地，还可以是"脱贫人才孵化器"。

如果银行的扶贫部门能做好以上三件事，就能帮助贫困地区建立并完善职业教育培训工程，以职业教育促进脱贫。

3. 扶贫小额信贷工程

贫困地区的人们需要钱，没有钱是很难脱贫的。记得贵州农行的一位朋友告诉我："很多贫困户并不是懒惰，也不是不想外出打工，而是受制于诸多条件。即使发现脱贫的路子，也没有钱行动！"

有一次我去某贫困县贫困村探访，了解当地的贫困状况和贫困村村民的生活现状。那个贫困村是山村，刚刚修通了公路。有了公路，也就有了脱贫致富的希望。但是这里的人们并不乐观，脸上不见笑容。我随机采访了其中一位村民："老乡，公路修通了，为什么还不开心？"这位村民说："锅有了，但是没有米啊。"村民说的"有锅无米"是怎么一回事？这位村民说："山上还有可以栽种果树的地方，但是我们没有钱买树苗。如果有了钱，我们种果树，然后挑着水果去县城售卖，说不定就能脱贫了……"

村民的话很"扎心"，是啊，没有钱也就无法"买米"。想要致富，必须要给村民"买米"的钱。国家下发的扶贫款是有限的，扶贫款只能满足有限的物质需求，想要脱贫筑产业，还需要更多钱。这该怎么办？于是，我们想到了银行。如果银行给这些没有钱却想要创业致富的村民提供扶贫小额贷款，就能解决大问题。其中，中国农业银行在"扶贫小额贷款"方面表现突出，帮助贫困地区搭建扶贫小额信贷工程。

广东省肇庆市广宁县身处山区，也曾经是贫困县。中国农业银行扶贫广宁、深耕广宁，给广宁县搭建扶贫信贷工程，取得了突出成绩。西江网上一篇文章对此进行了报道，文章写道：农行广宁支行切实加大金融扶贫力度，以小额扶贫贷款作为切入点，加强对接，完善制度，强化落实，多策并举，助力贫困户脱贫致富。截至 2019 年 6 月末，全行累计发放小额扶贫贷款 120 户，金额 500 万元，受益农户覆盖坑口、五和、江屯、木格 4 个乡镇，部分贫困户因此脱贫致富。[①]农行广宁支行到底是怎样做的呢？其金融扶贫经验非常值得推广。

---

① 肇庆农行. 农行广宁支行多举措开办小额扶贫贷款见成效［EB/OL］.（2019-07-17）［2020-07-16］. https://www.xjrb.com/2020/1029/483937.shtml.

（1）三个“对接”。

想要实现扶贫的“带动”作用，就要将“车头”与“车身”对接在一起。三个“对接”在开展金融扶贫工作中是非常关键的步骤。三个“对接”都是什么呢？

① 与扶贫办和其他相关扶贫部门进行对接。对接扶贫办的目的在于顺利打响“扶贫第一枪”，扶贫办更加了解当地的实际贫困状况。可以借此了解并明确与扶贫相关的一切区域信息和个人信息。另外要加强与财政部门的合作，与其他部门形成扶贫合力。

② 与贫困区域对接。只有对接到贫困地区，才能了解贫困地区的真实状态。与贫困区域的对接过程，也是了解贫困区域致贫原因的过程。

③ 与贫困户对接。如今有许多贫困村已经脱贫，但是仍旧有个别的贫困户没有脱贫。扶贫部门应该坚持“一个也不能少”的原则，与贫困户进行对接，了解贫困户的实际状况，对贫困户精准帮扶。

（2）三个“摸清”。

摸清指做好扶贫调查工作。只有摸清贫困村存在的各种问题，才能有针对性地解决问题，提供方案。三个“摸清”都是什么呢？

① 摸清贫困地区的整体扶贫状况。如今，许多部门、企业都参与扶贫工作，银行开展扶贫活动之前，需要摸清当地贫困地区的整体扶贫状况，才能进行科学、合理的扶贫计划安排。

② 摸清贫困户生产状况。银行扶贫部门在对接了贫困户之后，就要对贫困户进行深入了解，了解他们的实际生产状况。

③ 摸清贫困户小额信贷需求。有些贫困户需要启动资金，有些贫困户需要技术，各不相同。只有充分了解贫困户的实际需求，才

能给予精准信贷投放。

（3）简化贷款手续。

三个“对接”与三个“摸清”都是准备工作，具体到贷款服务方面，银行部门还要进一步简化贷款手续，提高服务效率。比如，某农户到了耕种季节，需要马上购买树苗。一旦过了耕种季节，就要等待来年，这些农户对钱的需求是非常迫切的。因此，银行部门要想办法简化贷款手续，使用高效的贷款流程，及时给贫困户放款。

如果银行准备开展地区扶贫工作，完全可以参照农行广宁支行的“金融扶贫”经验，帮助贫困地区搭建扶贫小额信贷工程，让贫困户有米下锅，继而帮助他们脱贫致富。

4. 易地扶贫搬迁工程

有一群生活在大山深处的贫困户，受制于自然条件，始终无法摆脱贫穷。贵州省的贫困户，多生活在山区。山高路远，交通不便，加上自然条件险恶，个别地方水土流失严重，农民很难从这样的土地里种出“黄金”。

记得有一个纪录片，片子拍摄的是贵州的一个乡村。这个乡村位于山顶，进出村子靠一个挂壁“天梯”，人们进出一次要冒着生命危险，尤其是雨季。生活在这样的村子，受穷似乎是必然的。纪录片的导演来到这个村子，发现这里的村民仍然采取“刀耕火种”的方式种植农作物，产量很低。换言之，这里的人们能否吃饱肚子，完全看天。

有人问：“他们为什么不搬出来？”易地搬迁并不是一件容易的

事。其一，他们没有钱，搬出来也没有钱盖房种地；其二，这些山村居民多以老人居多，许多老人失去了劳动能力和搬迁能力；其三，许多人适应了贫穷的生活，不想改变现状。易地扶贫搬迁工程是一个需要花钱、出力的工程。但除了花钱、出力，还要做好村民的思想工作，让他们主动搬出来，而不是强迫他们搬出来。

俗话说："树挪死，人挪活。"对于这些山区贫困村，尤其是自然条件非常恶劣的山区贫困村，就要采取易地搬迁的方式帮助村民走出贫困，给他们一个富裕、和谐的新家园。

扶贫电视剧《一个都不能少》里，有两个自然村，其中一个村叫焉支村，这个村子常年遭受自然灾害，一直无法摘掉贫困帽。后来，焉支村发生了山体滑坡，几乎整个村子被埋进土里。在这样的情况下，县委提出要求，让已经脱贫致富的邻村丹霞村牵头，帮助焉支村村民搬迁，继而帮助他们脱贫。后来，两个村合并，成为新丹霞村。焉支村的村民住进了丹霞村为了招商引资而修建的新房里。这部电视剧体现的易地扶贫搬迁经验值得推广。想做好这项工作，要做到以下几点。

（1）做通村民思想工作，让他们搬家。

焉支村遭受泥石流，许多村民失去了房子，搬迁是必然的。还有一些家庭虽然房子没有受到泥石流影响，但是种植的土地被掩埋。经过扶贫干部的动员和服务，所有的村民都搬了新家。

（2）帮助村民赚到钱。

焉支村是一个传统村落，村民的主要收入是种地、养殖。种地就是种植小麦和玉米，养殖就是养牛、养羊等。仅种植小麦和玉米，是很难发家致富的，村民需要种植经济作物；如果养殖形不成规模，也无法给村民带来高收入。丹霞村是如何帮助焉支村村民致富的呢？有以下几种做法。

① 种大棚。对焉支村村民进行技术培训，然后由龙头企业牵头，让焉支村村民以“技术入股”的形式经营蔬菜大棚。

② 给予工作安排。焉支村的村民并非好吃懒做之徒，有的村民也有自己的特长，如养殖。县扶贫办给具有相关技术的村民安置相关“技术工种”的工作，村民有了工作，也就有了稳定的收入。

③ 鼓励自主创业。丹霞村是一个富裕村，村支书是一个能人，他将丹霞村开发成旅游民俗村，吸引大量外地游客来丹霞村旅游观光。游客来了，就能带动当地经济。因此，村党委鼓励贫困户自主创业，甚至给他们“减免房租”，用这样的优惠条件鼓励焉支村村民创业。在这样的优惠条件下，有些村民从事土特产生意，有些村民从事酿酒生意，有些村民将剪纸艺术搬到了这里。村民通过自主创业的形式赚到了钱，摘掉了贫困帽。

④ 打造综合产业。丹霞村是一个旅游村，也是一个民俗村，还是一个拥有多种特色的村子。打造综合产业，一方面可以解决村民的就业问题，另一方面可以挖潜增收，给村子创造更多效益，从而吸引更多企业家投资建设新农村。拥有了产业这个“造血器官”，村子也就不会受穷。

（3）打造新农村文化。

脱贫不仅要脱“物质”的贫困，更要脱“精神 ”的贫困。如何让村民真正富裕起来？打造新农村文化。丹霞村不仅拥有自己的培训班，还有自己的爱国主义教育基地，有自己的大礼堂……这些投资是非常有价值的，在创造、打造新农村的同时，对村民进行了爱国主义教育，提升村民的思想境界，让他们以拥抱“新生活”为荣，让他们感受新农村带来的新气象。

电视剧《一个都不能少》是根据真实故事改编的，不仅是中国扶贫的“典型”，更是易地搬迁的典范。我们的扶贫部门也可以采取这样的方式去扶贫，帮助那些需要搬迁的自然村从“贫困窝”里搬出，再搬进新建造的“富裕窝”。

5. 电商扶贫工程

这些年，电商产业在我国快速发展起来，许多人因电商而改变命运。在我国，几乎人人身边都有做电商生意的朋友。

我有一位朋友，他是山东聊城人。他的家庭条件并不好，但是这几年他投身电商后发了一笔小财。赚到钱之后，他准备继续扩大生意，在电商的基础上开一家实体店。

我的这位朋友姓董，农村人，大学毕业后在城市工作过一段时间，后来由于家庭原因，从城市返回农村。农村条件不如城市，他经历了贫穷的生活。他对我说：“只种庄稼是无法脱离贫困的。”后来，董某所在的村子，有人开始种植葫芦。难道“小葫芦”里埋藏着大生意？一位脑子活泛的年轻人，开始尝试在互联网上卖葫芦。令人意想不到的是，这位年轻人竟然将葫芦卖了出去，而且卖出了“天价”！此时，许多村民开始打听或者效仿。

董某登门拜访，向从事葫芦生意的年轻人取经。年轻人告诉他："葫芦是一种非常好的工艺品，葫芦也有'福禄'的意思。"这位志在建设家乡的年轻人决定"开班授徒"，将葫芦种植技术与电商运营技术传授给村民。不到两年时间，董某所在的村子变成了一个"葫芦村"，许多家庭从事与葫芦相关的电商工作。

董某也开始种植葫芦，优质的葫芦销量非常好，尤其是一种外号叫"草里金"的文玩小葫芦特别受人欢迎。董某全家依靠葫芦走上了致富之路，而电商的发展也让董某所在的村子脱了贫。由此可见，小小电商蕴藏着无限商机，能够帮助我们的农民朋友脱贫致富。

我国有巨大的市场，在互联网高度发达的情况下，人们的生活方式也发生了巨大的改变。我国的电商规模到底有多大呢？有数据显示：2019 年，全国电商交易额达 34.81 万亿元。

34.81 万亿元是怎样的概念？我无法用一个词来形容这样的体量，但是这个数字告诉我们，我们完全可以走一条"电商扶贫攻坚"之路。帮助贫困地区发展电商产业，就能帮助广大农村地区的贫困户脱贫。事实上，电商扶贫工程是一项十分惠民的扶贫工程，完全可以帮助贫困地区脱贫致富，电商扶贫的成功案例也举不胜举。

新华网刊登了一篇电商扶贫的文章，文章名字叫《电商扶贫铺就藏区脱贫致富"快车道"》，文章讲述了藏族青年元旦智华通过他的直播，让更多人了解家乡的特色产品，帮助当地群众脱贫致富的故事。

众所周知，许多藏区位于高原，高原地区土地贫瘠，许多土地并不适合农作物的种植与生长。但是，藏区也有独特的自然条件，适合其他的绿色产业发展，如特种养殖和藏药种植等。藏族青年元旦智华就抓住了电商发展的好时机，将藏区的特色商品介绍给藏区之外的朋友，并通过直播的方式营销产品。他在直播间里推广自己的鸡："兄弟们，我手中的这款鸡是真正的高原跑山鸡，喜欢的朋友们尽快下单啊。"

高原跑山鸡品质高，是原生态绿色产品。追求更好生活品质的人们，并不会因为高原跑山鸡的价格高而将它拒之千里。当然，高原绿色食品种类非常多，与藏族息息相关的特色商品更是不胜枚举。为了让这些藏区商品走出高原，扶贫部门帮助藏区人民搭建电商服务平台。文章写道：海南藏族自治州扶贫开发局局长王学军介绍，园区通过采取"电商企业、扶贫龙头企业＋村集体经济、农牧业合作社＋农牧户"的带动运营模式，实现特色农牧产品、文化旅游产品网上销售，建起电商和农牧民与企业的商贸互通桥梁……园区入驻企业实现销售额近3211万元，辐射带动全州426个行政村，让173个建档立卡贫困村、5.3万建档立卡贫困人口实现增收。①

看到这些数据，不难发现，脱贫致富的道路就在自己脚下。如果扶贫部门能帮助贫困地区建造"电商产业园"，让人们将自己家中的"宝贝"通过电商平台卖出去，就能给贫困家庭带来收益。电商扶贫工程是一项伟大的工程，非常值得扶贫部门去推广、建设。

① 赵玉和，央秀达珍．电商扶贫铺就藏区脱贫致富"快车道"[EB/OL]．(2020-06-06)[2020-07-17]．http://news.china.com.cn/2020-06/06/content_76133714.htm.

6. 旅游扶贫工程

许多贫困地区，并不是山穷水尽，而是山清水秀。这些地方，虽然穷，却拥有能脱贫致富的资源。如果这些贫困地区能在扶贫部门的助力下，把优势资源开发出来，就能脱贫。尤其在我国西南地区，山清水秀的乡村非常多，非常适合旅游资源的开发。

先来看一组数据吧，前瞻产业研究院发布数据称：2015—2019 年我国旅游收入总体呈逐年增长态势，增速波动放缓。2019 年我国旅游收入近 6.52 万亿元，同比增长 9.21%。2015—2019 年我国在线旅游市场规模总体呈逐年增长态势，增速波动放缓。2019 年我国在线旅游市场规模为 10866.5 亿元，同比增长 11.40%。2015—2019 年我国国内旅游人次总体呈逐年增长态势，2019 年我国国内旅游人次为 60.1 亿人次，同比增长 10.71%。① 从上面的数据不难看出，我国国内的旅游市场巨大，且潜力无限。许多农村地区开发乡村旅游项目也取得了成功，村民在旅游的带动下，从事与旅游相关的产业，并从中获得收益。

我有一位朋友，他是广西人。大学毕业之后，他一直在深圳工作，一步一步努力，从零身家到身家过亿。有一年他回老家过年，老家的一位乡村干部是他的发小，然后他们就聊起乡村旅游开发。当他看到自己的家乡山清水秀，风景宜人，就有了开发旅游业的想法。

---

① 前瞻产业研究院．我国在线旅游市场规模总体呈增势，去年市场规模为 10866.5 亿元［EB/OL］.（2020-04-18）［2020-07-17］. https://www.traveldaily.cn/article/137179.

后来，他带着资金、团队回到老家，对老家的村庄进行了大改造。第一步，道路基础建设，给村子修了一条宽敞的柏油路；第二步，改善村容村貌；第三步，开发并修建与旅游相关的设施，如酒店等。经过三年时间的开发，朋友的老家已经是非常有名气的乡村旅游基地，几乎每天都有一定数量的游客来这里旅游。

为了拉动旅游，他还与多家旅行社签订了合同，甚至推出“特价旅行套餐”吸引游客来旅游。乡村旅游基地成型之后，许多村民开办农家乐、纪念品商店和民俗体验店，吸引游客消费。如今，这个穷山村变成了远近闻名的富裕村，人均年收入达到两万元。

这样的案例还有很多，旅游扶贫工程也是十大扶贫工程之一。如果贫困地区具备旅游开发资源，为什么不去开发呢？闲置资源是一种浪费，开发资源才能产生价值。

在我国贵州，农业银行在旅游扶贫方面，起到了示范作用。贵州乌蒙山是革命老区，也是红军走过的地方。毛主席曾在《七律·长征》中写道：五岭逶迤腾细浪，乌蒙磅礴走泥丸。由此可见，乌蒙山是一个条件艰苦的地方，甚至给行进的红军队伍都带来了阻力。但是，乌蒙山也有“万亩紫韭花，盛开黔云端”的美誉。

换言之，乌蒙山具备开发旅游的潜质。当地也因此开发了乌蒙山景区，景区位于贵州赫章县，乌蒙山的精华景点是韭菜坪。随着游客越来越多，赫章县的旅游开发也越来越深入。当地人经营与旅游相关的项目，其中有一位客栈老板姓罗，她的客栈总是一房难求。筹建客栈需要钱，罗某恰恰就是通过农业银行的“乡村旅游e贷”获得了筹建客栈的资金。罗某说：“农行贵州赫章县支行工作人员在听说我的情况后，立即过来现场调查，并为我办理贷款，才1天时间，我就收到了30万元贷款，‘乡村旅游e贷’办得快、利率低，真是解了我的燃眉之急。”

因为农业银行“乡村旅游e贷”获得收益的除了罗某，还有祝某。祝某看到红火的旅游项目，打算在景区内的高山草原上放牧牛羊，然后通过营销纯天然食品获得收入。祝某说：“看着景区人气越来越旺，前期的经营效果也还不错，我就想进一步扩大经营。提交申请后，银行工作人员对我的养殖场进行调研、分析，很快，我就获得了10万元贷款。”

能够拿到贷款，也就能帮助自己在旅游项目上有所斩获。农业银行的“旅游扶贫产品”在搭建旅游扶贫项目上起到了重要作用。据第一财经报道，截至2020年3月末，农行贵州赫章县支行累计向韭菜坪景区发放贷款2.15亿元，撬动政府基金3225万元，有力地支持了景区观光车轨道及车站、自驾道路、服务区、空中缆车等项目建设。①

如今，农业银行继续在贵州推行“旅游+带动贫困户”的金融扶贫模式，帮助贵州建设旅游扶贫工程。相信不久的将来，会有更

① 傅帅．漫山花海见真情——农行以金融之力拉动贵州旅游扶贫［EB/OL］.（2020-05-25）［2020-07-17］. http://finance.eastmoney.com/a/202005251497302739.html.

多的具备旅游资源的贫困地区脱贫。

7. 光伏扶贫工程

光伏扶贫工程在我国也有广泛的发展，并且取得了举世瞩目的成绩。光伏发电已经走进了山野、农村，甚至在我国贫困地区扎根，为脱贫攻坚做出了突出贡献。光伏产业是新能源产业，借助太阳光进行发电。太阳能是取之不尽、用之不竭的新能源。借助光伏技术，人们可以将光能转化为电能以及其他可使用的能量。换言之，只需要在光照资源好的地区投建光伏设备，光伏工程就可以创造源源不断的利润。

光伏工程也是新能源工程，是未来很有前景的工程。投资光伏工程，相当于投资未来。它到底有哪些优点呢？

（1）能源不会枯竭。

太阳能是永恒的能源，只要太阳没有熄灭，就有源源不断的能量。光伏工程将无限的太阳能转化成我们可以直接利用的其他能量，比如电能。投资光伏是“一次性”投入，得到的却是“源源不断”的利益。

（2）安全性高。

光伏发电的安全性非常高。对于个人和家庭而言，只需要铺设光伏发电板和电收集设备即可。

（3）干净无污染。

光伏能源是清洁能源，与风能、潮汐能是一样的，不会对自然环境造成破坏。

（4）不受地域限制。

光伏扶贫工程不受地域限制，只要日照充足，就可以安装光伏设备，从而提供电能。

（5）就地发电。

传统的发电项目需要铺设电线，而且投入巨大，还需要专业人员进行维护。光伏发电不需要远距离输电，设备安装完毕之后，可以就地发电，成本较低，便于维护。

（6）能源质量可靠。

只要光源持续稳定，光伏设备就可以正常运行，所转化的能源也十分稳定。

（7）总体投入低。

有人认为，光伏扶贫工程投入高。虽然前期投入确实高，但是，这些投入属于“一次性”投入，后期投入的人力、物力、财力较少。最后统筹核算成本，总体投入比传统能源发电的投入更小。

综上所述，光伏扶贫工程优势特别明显，而且特别适合在农村地区推广。我国许多地区，逐渐形成了光伏产业，甚至家家户户的房顶上都有一块光伏电池板。这不仅给农户们解决了后顾之忧，还给农户们创造了直接利润。

在贫困地区推广光伏扶贫工程是如何赚钱的呢？光伏扶贫增收模式是这样的，由光伏企业牵头，然后在贫困地区投建光伏扶贫电站，将光伏扶贫电站与农业相结合，帮助贫困地区农户安装光伏电池板。农户加入后，光伏发电并网就会产生收益……仅光伏发电一项就可以帮助农户创造3000元年收入。

《中国电子报》曾报道：协鑫新能源山东省郓城鑫华40兆瓦光

伏扶贫电站2017年3月并网发电，是山东省2016年第一批国家级扶贫项目，在建设之初就设计为农光互补模式。截止到2020年5月，这里已建成了173座三连栋大棚，保留了露天种植区，初步形成了“光伏+农业+扶贫”示范基地的规模。① 光伏扶贫工程非常好，但前提条件是，要由政府与光伏企业一起参与，才能给农户带来持续收入……

一位扶贫工作人员说：“光伏扶贫工程是‘晒一晒就赚钱’的工程。”由此可见，光伏扶贫工程是一个利国利民的好工程。

8. 构树扶贫工程

中国开展的扶贫工程有许多种，还有一种扶贫工程叫构树扶贫工程。什么是构树呢？构树是一种落叶乔木，有暗灰色的树皮，可以长到10~20米高。有人问：“为什么种这种树呢？”北方不是一直推广种植速生杨吗？其实构树也是一种速生树，但是它适应性和抗逆性更强，从温带到热带均可种植。

因此，国务院扶贫办向广大贫困地区推广种植构树。种植构树是一条非常好的脱贫致富之路。俗话说：“要想富，少生孩子多种树。”构树之所以能帮助广大贫困地区脱贫，正是因为它的价值。

（1）构树的自身价值。

构树浑身上下都是宝。树皮纤维可以制造高端纸，高端纸的

① 诸玲珍．光伏扶贫：太阳照在希望的田野上［EB/OL］.（2020-05-19）［2020-07-17］. https://www.cena.com.cn/industrynews/20200519/106689.html.

价格非常高，可达数万元一吨；种子、根茎、果实可以入药；树叶可以当猪饲料……加上构树生长速度很快，经济效益也就更高了。

（2）构树的其他价值。

树越多，空气越好。树可以有效净化环境，还具有防风固沙的作用，能有效防止土壤沙化和水土流失。我们经常能看到这样的新闻，某某地区发生泥石流，泥石流现象就是水土流失导致的。尤其在水土流失较为严重的地区，种树可以有效防止类似的自然灾害发生。无论种植什么品种的树，都是有益处的。国务院扶贫办为何推荐构树呢？因为构树所具有的综合价值是其他树种无法比拟的。构树好养活，不用打药，不用施肥。

但是有人说："我知道这种树，这种树不成材。"按照传统的思维观念，种树的目的是"取材"。一种不能成材的树，能有多少经济价值？是不是吹嘘出来的？还真不是。当今推广种植的构树是中科院杂交的新品种，该树种价值非常高，构树的植物粗蛋白含量是玉米的 2.5 倍，黄豆的 1.8 倍。植物粗蛋白有什么用途？动物饲料，就需要添加植物粗蛋白，尤其是猪饲料。换言之，构树完全可以取代玉米和大豆，用于加工猪饲料。其成本远低于玉米和大豆。用构树加工的猪饲料，不仅价格便宜，而且植物粗蛋白含量更高，更有利于猪的生长。

安徽六安推广种植构树，如今正逐渐形成产业。《人民日报》刊登的一篇文章写道：六安市在裕安区顺河镇建有构树产业扶贫示范基地，连片种植构树，所生产的产品由生态养殖公司负责收购，作为奶牛精饲料，据说已可替代进口的苜蓿草，产奶量比过去高出一截。科技的力量，经常创造变废为宝的神奇。曾经被认为“不材”的构树，居然能有如此大的功用，确实出人意料。把构树养殖与扶贫嫁接，这更让人没想到。①

六安市是如何推动构树扶贫工程的呢？《人民日报》的报道中写道：引进杂交构树，建成产业链，流转贫困户的土地，让贫困户获利；安排贫困户就业，从事育苗、插苗、补植、除草、保养、浇水等工作。仅彭塔乡的三个园区，就成功带动三个村六十六户贫困户脱贫致富，成为名副其实的“增收工程”“富民工程”。②

事实上，构树扶贫工程早在 2015 年就被列为精准扶贫十大工程之一，大力推广种植构树的主要目的是解决我国蛋白质饲料原料紧缺的难题。毕竟，中国还不是一个发达国家，农民种植玉米、大豆，主要用于人吃，而不是动物吃。许多饲料厂为了解决原料问题，选择进口大豆、玉米、苜蓿等饲料原料，成本高昂。如果能找到一种“替代物”，将会大大缓解成本压力。很显然，速生的、浑身上下都是宝的构树便从众多植物中脱颖而出。

构树可以在我国的土地上大面积种植，且种植成本低廉，成长周期短，在生态绿化、造纸、制药、饲料等多个方面具有经济价值。我国的银行可以借助构树扶贫工程将惠农金融和扶贫贷款送进贫困地区，并联合饲料企业等收购构树，从而打造一个“经济—生态—社会”扶贫工程。

---

① 斯雄．构树扶贫记［N］．人民日报，2019-11-25（20）．

② 同①．

9. 致富带头人扶贫工程

致富需要一个带头人。有这样一句话："火车跑得快，全靠车头带。"许多贫困地区脱贫，依靠的就是带头人。如果一个贫困村有这样一个能人，或许就能带领全村人脱贫致富。

广东中山是一座物质丰饶的城市，这座城市曾经获得过联合国人居奖的殊荣。即使如此，在这样的城市，也有相对贫困的地方。坦洲镇沾涌村就是中山的贫困村，为了带领村里人致富，能人陈某起到了非常大的作用。他是一个梦想将自然村开发成旅游项目的人，他联合村里的农民专业合作社成立旅游公司，对村子进行深度的旅游项目开发。

陈某是一个非常有经济头脑的人。据村民反映，20 世纪 80 年代，陈某便承包了 60 亩土地，养猪、种果树，已经过上了富裕的生活。后来，陈某的养猪规模越来越大，但是带来的污染令村民十分头疼。陈某亏本转产，去城市工作。在外打拼多年后，他在经营房地产等方面有了一定的经验。于是他又回到村子，就是为了帮助村子开发旅游项目，带领大家致富。

陈某的第一个行动是消灭村子周边地区存在的污染，加大绿化力度，为旅游开发创造条件。曾经有人说："旅游就是为了放松心情，如果旅游环境不好，为什么还要去那里旅游？"旅游是一项生态产业，具有一种可持续性。

陈某的第二个行动是旧物改造。其中，铁炉山半山腰有一个废弃的泳池，这个"旧物"反而成了陈某眼里的宝贝。他借此机会，在周边开发旅游配套设施，并建了一个纯天然山水泳池，以此为中心，建起了游乐园。有了游乐园，有了纯天然山水泳池，再加上周围的青山绿水，自然就会吸引城市游客前来旅游。

当然，仅仅有一个游乐园是不够的。为了挖潜增效，陈某又租种果树，其中甜橙与皇帝柑深受游客喜欢。另外，他经营着农家乐和民宿，将远道而来的游客留在这里。陈某打造了一个“旅游王国”，村里的村民也跟着得到了好处。人们借旅游的东风开展与之相关的配套项目。如今的村子已经有“三大公园”，生态旅游已经让村子脱贫致富。能人陈某表示：乡村振兴首先要走绿色富民产业之路，引入“活水”才能实现可持续发展；依靠林地和生态公园资源的沾涌村，最大的特色就是生态旅游。如今，市、镇、村都重视乡村振兴。沾涌村作为“市级特色精品村”，已获市镇两级配套资金 2000 万元。

致富带头人到底有哪些特点呢？或者说，致富带头人在带领村民脱贫致富的道路上，具备哪些优势？

（1）有强烈的脱贫意识。

想要脱贫，首先要有脱贫意识。致富带头人往往具有一种强烈的主观脱贫意识和不屈不挠的脱贫精神。有了这样强大的精神，才有脱贫致富的内在品质。很显然，致富带头人的脱贫意识要比普通人强烈。

（2）熟悉本地的优势和劣势。

能够带领乡村脱贫致富的人，绝大多数是本地人。这些致富带头人对贫困地区的相关情况十分熟悉，如致贫的原因、缺乏的资源……与此同时，他知道贫困地区的资源优势，知道发展怎样的项目能够脱贫。

（3）拥有一技之长。

所谓致富带头人，一定是拥有一技之长的人。如果没有一技之长，也就无法带领贫困村致富。在我国，许多致富带头人是养殖能手、种植能手、技术能手或者管理能手。

（4）拥有一定的威望。

想要“聚沙成塔”，也需要一个“核”。换言之，致富带头人就是这个“核心”人物。如果致富带头人没有威望，也就无法展示其组织能力。脱贫不是一个人的活儿，是一个团队的活儿。致富带头人是什么？是脱贫团队的核心人物，他不仅有威望，而且有强大的组织能力，能组织一个有凝聚力、战斗力的帮扶团队。

银行在乡村扶贫方面，要帮助致富带头人、扶植致富带头人，让这些致富带头人变成“扶贫带头人”。只有这样，致富带头人才能发挥强大的作用，带领群众致富。

10. 龙头企业带头工程

龙头企业带头工程也是十大扶贫工程之一。许多贫困地区因一家龙头企业而脱贫，甚至致富。在我国，这样的脱贫成功案例非常多。

新疆墨玉县是全国有名的贫困县，但是墨玉县的扎瓦镇乌尔其村走上了脱贫致富之路。

讲到这里，就不得不提新疆沙漠之花养殖有限公司，这家公司就是墨玉县当地的一家养牛企业。据了解，新疆沙漠之花养殖有限公司有2座养牛场、12座牛舍，存栏肉牛800头，年收入可达300万元。有人问："这怎么能是一家龙头企业呢？这家企业并不大！"

龙头企业并不一定要有巨大的规模，只要能在当地起到"带头"作用，就是龙头企业。对于扎瓦镇乌尔其村这样的贫困村来讲，新疆沙漠之花养殖有限公司就相当于一家龙头企业。

喀斯木是乌尔其村的一个贫困户，与此同时他是新疆沙漠之花养殖有限公司的一名员工，他的主要工作就是饲养肉牛。受聘新疆沙漠之花养殖有限公司，喀斯木每个月可以拿到3000元的工资，除去各种开销，喀斯木能够给家庭留下不少钱。

如今，新疆沙漠之花养殖有限公司助力扶贫，在村子里成立养牛合作社，同时吸纳了像喀斯木这样的贫困户60多名，并以"投资保底收益分配"的方式给工作的贫困户发工资，贫困户一年可收入3万多元。

随着时间推移，养牛合作社的规模越来越大，加入养牛合作社的贫困户也越来越多，正如新疆沙漠之花养殖有限公司总经理所讲：现在合作社发展得很快，今后我们还会扩大规模，给贫困户提供就业岗位，增加他们的收入。

农业银行在"扶植乡村龙头企业"方面，做出了极大贡献。有一位资深的银行行长说："扶植龙头企业，让龙头企业带动贫困地区脱贫是最好的办法。”2015 年，《中国证券报》发表了一篇名为《农行加大力度支持农业产业化龙头企业》的文章，文章中写道：在支持农村土地流转和农业适度规模经营方面，农行将推广农村土地承包经营权抵押贷款，力争每个一级分行均有业务试点、每个符合条件的支行均开办业务；加大新型农业经营主体金融服务工作力度，选择 50 万户专业大户和 1 万户国家级农民专业合作示范社进行重点营销，同时加大对农业产业化龙头企业支持力度，对国家龙头企业的信贷支持率提高 2 个百分点以上。①

某地区农户主要以种地务农为生，每年的收入很低。后来，该地区来了一家浙江企业，该企业主要从事园林种植，想跟该地区的几个村子合作。村干部给村民做思想工作，让他们将土地流转给这家企业，这家企业给出的回报要远远好于村民自己种地。

在这家企业拓展规模的过程中，农业银行起到了助推作用。企业缺钱，银行就给这家企业提供贷款。这家企业发展得很快，短短几年时间，种植各类苗木上万亩。

就在此时，这家企业开始打造旅游产业，在当地注册了旅游公司，并在苗木种植基地内开发旅游项目。这家企业也向村民们伸出了橄榄枝，希望村民加入旅游项目，一起创业致富。农业银行一直深度参与该项目，并向准备参与旅游项目的村民家庭提供惠农贷款等金融服务。

① 任晓 . 农行加大力度支持农业产业化龙头企业［EB/OL］.（2015-02-25）［2020-07-06］http://finance.china.com.cn/stock/20150225/2970534.shtml.

后来，这家企业成功建起了旅游项目，而村民则在景区内从事与旅游相关的各类经营工作。当然，还有许多村民应聘到这家企业上班，每个月可以拿到2000元左右的工资。有位村民说："流转出去的土地，每年可以获得一部分收入，而且能解放我们的双手，我们可以从事其他行业；另外，我们可以在这家公司上班，每年还可以赚到2万多元……这样算下来，比外出打工还要好。"

如今，许多村民家庭因这家浙江企业而提升了年收入，甚至有些贫困家庭因这家企业的到来而脱贫。需要强调的是，这家企业的发展壮大也离不开农业银行的扶植与帮助。

《农业部　中国农业银行关于支持农业产业化龙头企业发展的意见》中写道：农业产业化部门与农业银行实施战略合作，是创新金融服务，提高龙头企业经营活力和辐射带动能力的重要举措……有利于龙头企业应对后金融危机时代的挑战，调整产品结构和市场布局，拓宽发展空间；有利于增强企业科技创新能力，推进产业优化升级，加快发展方式转变；有利于延伸产业链，提高龙头企业辐射带动能力，促进农民就业增收。[①] 农业银行扶植龙头企业，让龙头企业带动村民就业增收，这样的模式非常值得其他银行学习。

---

① 中华人民共和国农业部，中国农业银行股份有限公司．农业部　中国农业银行关于支持农业产业化龙头企业发展的意见［EB/OL］．(2010-06-20)［2020-07-17］. http://www.moa.gov.cn/nybgb/2010/dlq/201805/t20180513_6150797.htm.

第三章
扶贫精细化管理实践

第一节 “三用”扶贫作风

1. 用心做好扶贫

用心才能做好事。如果做事不用心、不走心，恐怕什么事也做不好。扶贫工作也是如此。现在我国到了扶贫攻坚的关键时刻，在这样的时刻下，扶贫工作更要用心。

阿里巴巴创始人马云先生曾经提到创业三要素，即用心、用脑、用体力。用心是创业的重点要素。马云回答一个网民关于“做淘宝是否还能赚钱”的问题时，是这样说的：“做生意从来没有容易过，说生意好做的人基本是吹牛，任何时代做生意都是要冒风险的。十多年来，那些想通过开网店迅速致富的人基本都失败和放弃了；而那些坚持把开网店当乐趣、和人沟通交流的人却基本上成功了，从一个人开店到雇用几十个上百个员工的商家比比皆是。”

做扶贫等同于做生意，马云这段话里面有几个关键：坚持把开网店当乐趣、坚持和人沟通交流。

坚持是成功的试金石。如果无法坚持，只看到扶贫攻坚的困难，扶贫就会以失败告终。扶贫是一项伟大的事业，只有解决贫困地区的贫困问题，才能更好地建设伟大的祖国。扶贫是一种信仰，如果能将这样的一份信仰坚持下去，就能取得成功。

除了“坚持”，还要用心帮助每个人。能做成事的人，一定都很用心、很细心。老子曾说：“天下难事，必作于易；天下大事，必作于细。”精耕细作就是一种用心的体现。农业银行坚持“三用”扶贫作风，其用心主要体现在四个方面。

（1）“心怀目标”。

用心做事，要体现在目标上。如果做事没有目标，就谈不上用心了。美国诗人朗费罗曾说：“我们命定的目标和道路，不是享乐，也不是受苦；而是行动，在每个明天，都要比今天前进一步。”设置目标，才能让扶贫有方向。要设置脱贫目标，有节奏地安排时间和进度，让扶贫工作有方向、有力度。英国还有一句谚语：“伟大的目标构成伟大的心灵。”农业银行在扶贫攻坚中，一直“心怀目标”，在目标的引导下不断提高自身要求，不断督促自己去努力工作。只有“心怀目标”，才能做好扶贫工作。

（2）“敢于担当”。

只有“敢于担当”，才能创造奇迹。扶贫工作需要每个人肩负起自己的责任，勇挑重担、决不“甩锅”。如果扶贫工作不用心，工作人员怕承担责任，经常性地选择退缩，也就无法开展扶贫攻坚工作。出版家邹韬奋认为：自己无论怎样进步，不能使周围的人们随着进步，这个人对社会的贡献是极其有限的，决不以“孤独”“进步”为满足，必须负担责任，使大家都进步，至少使周围的人都进步。由此可见，担当具有激发、鼓励他人的特点。那些“敢于担当”的人的身上，总有一种“人性之光”。肩负责任，勇于冲锋，更体现一种用心。只有“敢于担当”的人才能做好扶贫工作。

（3）“小心谨慎”。

如何体现用心？有一个孩子，他很聪明。某次考试，他的成绩很不理想。试卷发下来之后，他才发现：由于自己粗心大意，多道题计算错误。老师常常对学生说：“做事一定要仔细，杜绝粗心。”用心需要“小心谨慎”。“小心谨慎”的做事风格，让一群来自农行的扶贫工作人员将扶贫工作落实到位，帮助贫困地区脱贫。如果一个人做事不认真，粗心大意，怎么可能做好扶贫工作呢？扶贫是一项复杂的工程，更需要扶贫工作人员“小心谨慎”。

（4）“表里如一”。

有些人做事，完全是表面一套、背后一套。认真做事，用心做事，才能做好扶贫工作。一个人心里想着扶贫，就要在行动上表现出来。如今，个别人表里不一，说得挺好，做得挺差。这样的做事风格，怎能把事做好呢？只有“表里如一”、坚持自己的初心，工作上体现“用心”二字，才能把扶贫工作做好。

用心做事就是认真做事，用心还是一种积极的状态，在一种积极状态下做事，更能做出伟大的成绩。用心是一种强大的责任和爱。居里夫人认为：我们应该不虚度一生，应该能够说，我已经做了我能做的事。

2. 用情落实扶贫

扶贫需要用情吗？事实上，想要做好任何工作，都要用情。用心做扶贫，体现一种态度；用情做扶贫，体现一种精神。扶贫要用心、用情。

《农民日报》刊登了一篇文章——《扶贫就是用心用情》，讲述海南省保亭黎族苗族自治县三道镇田滚村的一个扶贫故事。故事中的贫困户高某是一名63岁的老人，2012年，老人的独子因车祸去世，儿媳妇也带走了他的两个孙子。自此，老人彻底失去了主心骨。他与老伴天天在儿子生前打理的鱼塘前守望，一条鱼也没有卖过。用老人的话说："这是儿子最看重的东西。"

失去了家庭支柱，老人的生活也是贫困的，因此也就成了帮扶对象。对口扶贫干部杨某是一个非常细心的人，他把老人当成自己的亲人。有一次杨某去探望老人，老人便急着将鸡蛋塞到杨某的手里，并且称杨某为儿子。杨某说："每次看到他们就会想起远在湖南老家的父母。"

为了让老人过上相对富裕一点的生活，他帮助老人购买了650只鸡苗和50只鸭苗，放在老人的院子里饲养。另外，杨某为他们改造了危房，申请了低保。正如老人所说：在杨某的帮助下房子也盖了，每月还能领到200元低保补助和145元养老金。两人每天忙着养鸡养鸭，卖野菜卖鸡蛋，已顺利脱贫。

成功帮助老人脱贫的杨某认为：只有你用情了，才会知道村民在想什么，想要什么。

扶贫离不开心和情。心，就是要用真心去碰触真心；情，就是用真感情去碰触真感情。只有走进贫困户的心里，才能有效进行帮扶工作。现实中，许多贫困户都有一种"抵触"情绪，这是什么原因呢？在我看来，还是扶贫干部的工作没有做好，没有做到用情交流。

山西省阳泉市平定县柏井镇乱安村的扶贫第一书记张某分享了自己的扶贫经历，他是这样说的："驻村期间，我经常到村民家里，特别是贫困户家中走访，推心置腹地谈心，详细了解村情民意，通过单位同事和亲朋好友帮助村民出售小米、玉米面、鸡蛋、核桃、花椒等产品。贫困户程某把卖小米的钱用手帕包裹住时的爱惜之情，村民李某拿到卖鸡蛋钱时的那种喜悦，帮助身患残疾的村民交了电费后他对我的感谢之情，低保户张某穿上了新球鞋后的激动心情……一件件小事，一次次的感谢，使我的心灵受到了很大触动。"

这段话里，我们能够感受到扶贫干部的用情。所谓用情，就是挨家挨户走访，了解村民的实际困难，然后推心置腹地与村民沟通，消除帮扶中的隔阂，打开村民的心扉，让村民全力以赴配合工作。所谓用情，就是帮助村民解决困难，将村民手里的农产品卖出去，然后把钱送到村民手里。用情就是在这些细节上体现的。张某还表示：要坚持真扶贫，扶真贫，真办事，办真事，办实事，一定要把为人民服务作为自己办事的出发点。只有这样，才能让乱安村村民的生活由苦变甜，才能加快脱贫攻坚的进程。乱安村村民的获得感和幸福感，也会不断增强。

农业银行始终践行在扶贫的道路上，并且将用心、用情、用力的扶贫作风体现在扶贫工作中。农行安顺分行在服务三农、支持三农方面做出了成绩。农行安顺分行主要做了三项工作。

（1）关心扶贫。

关心也有一个"心"，只有关心扶贫，才能把扶贫真正当成自己的工作。只有关心扶贫，才能在扶贫攻坚中更加用心、用情。

（2）支持扶贫。

支持是有心的一种体现，只有有心做事才能把工作做好。有心做事，主要体现在用情上。支持扶贫工作，就是用自己的亲身实践去深入贫困地区，用实际行动带动贫困地区的村民脱贫。

（3）参与扶贫。

参与扶贫是支持扶贫的延续部分。从关心到支持，从支持到参与，每个环节都能体现扶贫工作人员的“心”与“情”。只有这样，才能做好扶贫工作。

用情是扶贫工作的关键所在。用情，就是给贫困地区送去友情和亲情。如果贫困地区的人们能感受到这种“情”，就会全力配合并支持扶贫工作，继而加快脱贫攻坚的脚步。

3. 用力抓实扶贫

做事除了要用心、用情，还要用力。用力，就是扶贫要有“力度”。如果没有“力度”，扶贫工作就很难做到位，甚至可能前功尽弃。用力抓实扶贫，等同于踏踏实实做扶贫。

（1）用力抓实扶贫，要体现“三抓”。

① 抓制度。制度对于扶贫工作有指导规范的作用，扶贫部门首先要建立扶贫制度，然后严格按照制度去做事。抓制度，能让每个人的工作都落实到位；抓制度，也能让扶贫部门上下有统一的部署。

② 抓督查。任何工作都要在监督下完成，即使一项工作正在顺利实施，督查组也要进行督查。督查除了监督，还要检查。通过督查，查出工作当中存在的问题，然后对扶贫工作人员的工作进行打

分，列出问题项，要求扶贫工作人员进行整改，从而达到扶贫工作的要求。另外，扶贫部门要对扶贫团队进行绩效考核，确保每个人都有任务，每一项工作都要考核。这样能激发扶贫工作人员的积极性，确保工作的完成质量。

③ 抓活动。扶贫工作有许多环节，也有许多部门在贫困地区开展各式各样的帮扶活动，如农业银行经常在贫困地区开展“金融活水”的扶贫助贫活动，能够起到非常好的效果。活动搞得好，扶贫工作就做得好。

（2）用力抓实扶贫，要体现“三促”。

① 促进理念升级。理念就是思路，传统的旧理念很难起到助力扶贫的效果。因此，扶贫部门要紧跟时代步伐，找到扶贫新理念。只有扶贫理念升级了，扶贫工作才会更有力度。

② 促进团队升级。扶贫靠什么？扶贫靠扶贫团队。一个人的力量太过单薄，一个团队的力量才能解决问题。但是团队与团队也有区别，有的团队不团结，拧不成一股绳，也就无法发挥团队精神；有的团队十分团结，且建团思路更加科学，团队采取扁平化管理方式，没有所谓的权威，团队成员各司其职。团队团结了，团队的专业能力和综合作战能力也就提高了。

③ 促进效能升级。无论做什么事，都要讲效率，讲效能。什么是精准扶贫？精准扶贫是一种“高效能”的扶贫。因此，扶贫团队要找到精准扶贫的“诀窍”，夯实责任，促进责任传导，让效能得到提高。

（3）用力抓实扶贫，要体现“三提升”。

① 提升扶贫精准度。扶贫最需要达到的效果是“精准”。精准

到底有哪些意义呢？在我看来，精准扶贫是“对口”的扶贫，只有扶贫对口了，才能有效，如同止疼药止疼、感冒药治疗感冒。精准的意义还体现在“不浪费”上，精准度越高，浪费的资源也就越少，尽可能让每一分钱都能花到刀刃上。用力抓扶贫，提升扶贫的精准度，可以减少资源浪费。就像前面我们说过的，“扶贫资金不是大风刮来的”。

② 提升整改效果。扶贫工作很难，而且不同地区的贫困状况不同，很难借助一个地区的经验或者一个套路去扶贫。任何扶贫团队都是“摸着石头过河”，一边摸索，一边整改，一边总结经验……整改是为了提升扶贫效果。为了提升解决问题的能力，有些扶贫团队要求自己做到“三了解、四掌握、五到位”，即了解家庭成员、了解生活状况、了解生产情况；掌握思想动态、掌握家庭困难情况、掌握就业情况、掌握诉求愿望；宣传政策到位、收集民意到位、答复咨询到位、回应诉求到位、传递情感到位。

③ 提升团队凝聚力。没有凝聚力，扶贫工作是无法完成的。人心齐，泰山移。有凝聚力的团队，能体现愚公移山的精神。脱贫攻坚战是一场难打的战役，扶贫团队必须要团结，心往一处想，劲往一处使，发挥最大“合力”。列宁说：“劳动者的组织性、纪律性、坚毅精神以及同全世界劳动者的团结一致，是取得最后胜利的保证。”只有提升团队凝聚力，才能打赢脱贫攻坚战，体现中国式的脱贫攻坚精神。

综上所述，用力抓实扶贫就是要体现“三抓、三促、三提升”。做好这几项工作，也就能用力抓实扶贫。

第二节 三好扶贫实践

1. 贷款速度快

有些人、有些企业需要钱，而且是需要“急钱”。如果不能及时拿到款，可能错过一个赚钱的机会。

我有一个朋友，他是生意人。早些年在上海打拼，赚了一些钱。后来他厌倦了都市生活，决定返乡创业。回到家乡，他看好了生猪养殖。于是租赁土地，搭建猪舍。为了达到“存栏量”，他必须购买一定数量的猪苗。由于养殖项目还需要继续投入，他决定申请贷款。

他跑了多家银行，银行的客户经理也多次前来考察项目。项目符合贷款条件，但是始终放不了款……他非常着急，锅已经支起来了，就缺米了。万般无奈之下，他决定向朋友求助。他找到上海的一个朋友，并且把自己投资养殖场的事一五一十地讲了一遍。后来，他终于说动了朋友，朋友决定以“入股”的形式投资 300 万元。

拿到款项之后，我朋友的养殖场很快就成型了。另外，他有一个想法，就是带领家乡的村民一起赚钱、致富。于是，他与村子里的人合作并成立合作社。村民养的猪，他按照市场价格进行收购，并且在村子里推广经济效益更高的新品种肉猪。村民养了新品种肉猪，赚到了更多的钱。

为了延伸产业链，他决定建一家肉制品加工厂。在建肉制品加工厂的时候，他仍旧需要一笔资金。当地一家商业银行的副行长前来考察，回去之后经过研究回复他："可以放款给你，但是需要时间。"听到这样的答复，他还是决定按照之前的方式寻找投资人。他以 10% 的股份要价 3000 万元，以此融资。没想到，他的运气很好，吸引了一位北京的投资人。

如今，他的企业已经是当地的龙头企业，并且与 300 多户村民签订了生猪养殖协议。换言之，他凭借自己的力量带领村民致富，也被当地政府评选为脱贫优秀带头人。

这样的故事还有很多，我们感受到了这位朋友的成功，也感受到了他创业筹款时的艰难。为什么银行放款速度如此之慢？不同的银行有不同的放贷策略，总体来讲，放款慢的原因不外乎以下四个。

第一，假期。假期期间，银行放假，放贷业务也会暂停。因假期而暂停业务几乎是所有银行都存在的问题。

第二，贷款高峰期。每一家银行都有自己的贷款高峰期。当遇到贷款高峰期，银行会出现短暂缺钱的现象。与此同时，银行贷款成本和资金压力会陡然增加，放款也会出现延迟。

第三，政策。银行决策深受政策影响，不断变化的政策，也让银行对贷款业务不断做出调整，可能有时放款快一些，有时放款慢一些。

第四，风控。如今，银行面临着不少风险，加强风控管理是必然的要求。因此，部分银行提升了放款门槛，延缓了放款速度。

考虑到这些，农业银行在扶贫方面，采取了惠农新策略。当贫困地区的农户和企业符合贷款条件，就会开通绿色通道，以最快的速度放款给他们。《河南日报》刊登了一篇名为《惠农贷款“秒”到账，脱贫之路有保障》的文章，文中写道：“惠农 e 贷”是中国农业银行依托互联网大数据技术，专门为农民设计的一款线上化、批量化、便捷化、普惠化的贷款产品，针对不同产业、不同农户生产经营特点和资金需求建立授信模型，采集客户基础数据作为核定授信额度的依据，然后进行线上自动审批贷款，实现线上申贷和线上放款，一次授信可以进行多次贷款。同时掌银、网银、自助终端也实现全流程线上办理，贷款速度实现了从“工作日”到“秒”的革命。[①]

河南兰考是蜜瓜之乡，许多农户为了脱贫致富，选择种植蜜瓜。如果农户们能从农业银行拿到种植蜜瓜的惠农贷款，将会走上脱贫致富之路。农行兰考分行针对这些农户推出了“蜜瓜贷”，“蜜瓜贷”属于“惠农 e 贷”系列产品，拥有“惠农 e 贷”的特点：手续简单、放款速度快。一个从事蜜瓜种植的农户拿到农行的贷款后这样夸奖农行：“现在，我只需要拿着结婚证、户口本、银行卡，往银行跑一次就能办完贷款手续，兰考‘蜜瓜贷’实在是太方便了，我现在种植蜜瓜的底气更足了。”还有一个农户说：“以前，贷款需要各种手续和担保，利息还高。现在，我只去了农行一趟，10 万元贷款不到一个小时就已到我农行账户，我真没想到贷款这么容易就能办，而且利率还这么优惠，真是解决了我的大难题。”[②]

如今，金融扶贫已经进入攻坚阶段。各大银行也可以向农行学

① 逯彦萃，孙贺霞．惠农贷款“秒”到账，脱贫之路有保障[N]．河南日报，2018-10-31(30)．

② 同①．

习，提高贷款效率，在农户最需要钱的时候，在最短的时间内放款给他们。只有这样，才能有效助力农户脱贫。

2. 贷款利息低

众所周知，银行贷款是有利息的。银行也是企业，以盈利为目的，贷款是银行的重要项目，旨在获得利润。不同的银行贷款利息不同，不同的贷款业务也有不同的利息。中国农业银行为了支持扶贫事业，给贫困地区提供低利息贷款，减轻贫困地区人民的还息负担。

农行主要推出的产品是“惠农 e 贷”，这款产品是一款“线上惠农产品”，对贫困地区的申请人进行批量预授信，授信后的申请人可以直接通过互联网端口进行线上申请。农行为了扶贫工作，调低贷款利息，给贷款农户减轻负担。那么农行的“惠农 e 贷”到底有哪些特点呢？

（1）采取了互联网大数据技术。

传统的人工授信过程烦琐，而且存在缺漏。如今，农行采取了互联网大数据技术，并将该技术运用到智能授信领域。只要客户线上提供相关资料，农行就可以进行线上查询、授信。

（2）系统自动审批。

传统的人工审批速度较慢。与其他银行相比，农行在“惠农”方面的贷款发放上，可以称为“秒速”。其中，农行采取了系统自动审批的方式发放贷款，速度快、效率高，农户申请，只要符合要求，即刻到账。

（3）客户定位准。

农行的这款产品是针对“三农”推出的一款产品，或者说，是为贫困地区的客户量身打造的贷款产品。客户定位准确，放贷也更加准确，精准贷款对精准扶贫的帮助是非常大的。

（4）提供多种担保方式。

相比较而言，贫困地区的客户较为特殊。农业银行考虑到这样的特殊性，增加了贷款担保方式的类型，如法人担保、财产抵押等。有人问：“为何这种贷款仍然需要担保？”担保是一种抵消贷款风险的方式，银行毕竟是企业，要将贷款的风险降至最低。

（5）操作便捷。

农户完全可以自主操作，在互联网上完成整套的贷款审批手续，并快速拿到贷款。便捷的操作给贫困地区的农户带来极大的便利，农户完全不需要跑银行网点，坐在家中便可完成贷款。

（6）利息优惠。

农行推出的这款产品是一款利息优惠的产品，可以帮助贫困地区的客户节约利息支出。另外，这款产品具有“随借随还”“循环使用”的特点，并且按照使用天数计算利息。

“惠农e贷”具有的这六大特点，也体现了农行在扶贫方面的良苦用心。如今，我国正处于扶贫攻坚阶段，农户更加需要低息贷款。农户要选择正规的银行贷款，或者直接选择农行推出的“惠农e贷”。还有一些农民朋友为了缓解资金压力，会选择办理信用卡。其实，农行也有这样一款产品，产品名字就叫惠农信用卡。

惠农信用卡都有哪些功能呢？农行给出的解释是：惠农信用卡是中国农业银行专为具有良好信用观念的县域及农村高端客户量身

定做的借贷合一型特色产品，是农业银行金穗卡系列产品之一。惠农信用卡不但可以作为您支付结算、储蓄理财的工具，更可以通过我行授信，满足您短期、频繁的资金周转需求，并提供多项个性化辅助功能，全面服务于您的生产生活。那么农行的惠农信用卡利息高吗？农行给出的解释是：农行信用卡刷卡消费并按时还款不需要利息，只有信用卡逾期、最低还款、预借现金时，才需要利息，利息都是按日计息，日利率均为0.05%。

“惠农e贷”是农行的拳头产品，惠农信用卡是一款辅助产品。对于广大贫困地区的贫困户而言，选择一款低利息的贷款产品对自己开展生产工作有很大的帮助。

3. 服务态度好

银行是一个金融机构，也是一个以“服务”为主的机构。最值钱的东西是什么？服务！农行的服务是数一数二的。有人问：“如何才能做好扶贫？”有一位农行行长说：“扶贫是一项服务性工作，做好服务，也就能把扶贫做好。”如果工作人员的服务不到位，很难把扶贫工作落实到位。

服务是工作，服务需要技巧。农业银行开展扶贫工作，其服务贫困地区客户的细节主要体现在以下六个方面。

（1）有礼貌。

服务的第一要素是讲礼貌。中国是一个讲礼仪的国家，如果不按照相关的礼仪去服务客户，就会给客户留下坏印象。扶贫的对象也是客户，扶贫工作人员千万不要把客户分成三六九等。无论如何，都要有礼貌地对待客户。农行在这方面做得很好，工作人员有礼貌，讲文明，给农户留下了好印象。思想家孟德斯鸠说："礼貌使有礼貌的人喜悦，也使那些受到人家礼貌相待的人们喜悦。"

（2）态度好。

光有礼貌也不行，还要保持一个好的态度。有些人明明态度不好，还要装出一副尽心尽力的样子……在我看来，这就叫虚伪。要保持一种良好的工作态度，即使碰了钉子，心情不太好了，也要迅速做出调整。如果一个人能长期保持良好的工作态度，也会改变其他人对他的印象和态度。

（3）个性化。

农行工作人员在扶贫过程中，采取的是一种个性化的服务策略，即针对不同的客户采取不同的服务方式。比如为贫困对象单独设计服务方式和相关的金融产品组合。有一位农行行长说："虽然贫困户都贫困，但是每一个贫困户的致贫原因不同，要从实际出发，给贫困户制定个性化的扶贫策略。"个性化的扶贫服务也是一种"精准服务"，体现了扶贫的精准性。

（4）心连心。

服务要贴心，扶贫工作人员要与贫困户心连心。心连心，体现了一种"零距离"的服务，是用心、用情的体现。心连心式的服务，拉近了工作人员与农户之间的距离，能让农户配合你的工作。心连心式的服务，是一种人性化的服务。有人说："要做客户的小棉袄，让客户感到温暖。"是啊，农行的扶贫工作人员在扶贫过程中，要把帮扶对象当成自己的朋友、亲人，给他们提供无微不至的帮助，为他们说话，替他们跑腿。帮扶对象感到了温暖，也会焕发脱贫的精神。

（5）超预期。

成功的服务是一种超出预期的服务，不成功的服务是没有达到预期的服务。如何才能给客户一种“惊喜感”？要向客户提供一种超预期的服务，让客户享受服务，把服务当成一种“体验品”。超预期的优质的服务，也会感动贫困地区的客户，让他们积极配合农行的扶贫工作。记得贵州某农行扶贫时给农户留下了好印象，当扶贫人员完成扶贫任务离开村子的时候，全村人自发去送行，场面十分宏大感人。

（6）灵活多变。

服务是一门艺术，灵活多变的服务体现个性，更体现人性。贫困地区的贫困户都有自己的个性，有的性格软一些，有的性格硬一些；有的好说话，有的不好说话……总之，要采取灵活的服务方式，根据扶贫对象的生活状态随时改变服务策略。只有这样，才能把服务做好。

扶贫是服务，做好服务才能做好扶贫；精准扶贫就是精准服务，服务到人，才能帮助每一个贫困户脱贫。跟着农行学脱贫，就是要跟着农行学服务，以服务带动脱贫，才能完成脱贫大业。

第三节 两大激励方法

1. 奖惩不过夜

大连万达足球队曾经是中国职业足球历史上的劲旅球队，并且荣获过八冠王的美誉。大连万达足球队的老板王健林也是中国地产界的风云人物。记得有一年大连万达最后一场中超联赛，胜利就能夺冠拿奖杯。王健林亲临现场为球队压阵，看到老板亲临现场，球员们深受鼓舞，踢得十分卖力。

最后，大连万达足球队夺得冠军。夺冠之后，人们发现，王健林直接打开皮箱，现场为球员发奖金。每一名球员都在现场领到了奖金，现场气氛十分活跃。事实上，王健林总是采取比赛结束后直接发奖金的方式激励球员，所谓“奖惩不过夜”就是从这里来的。

与此同时，许多足球俱乐部都采取这样的办法。曾经有一支保级球队，只要赢球就能上岸保级。为了吹响保级号角，俱乐部负责人直接拎着现金来到比赛场上，并对球员说：“如果这场比赛我们赢了，我们就能留在顶级联赛继续战斗；如果我们输了，我们就去低级别联赛了。今天的奖励方案是，如果我们赢球，每一名球员奖励10万元，进球者再奖励10万元，给进球者送上助攻的再奖励5万元。

如果我们输了，只能从各位的奖金里扣除 10 万元。”言外之意，就是赢了奖励、输了惩罚，这种激励方式也叫正面激励与负面激励相结合，常常为企业所使用，且屡试不爽，效果奇佳。

有人问：“这样的球队难道不会输球吗？”世界上没有常胜将军，球员也会遭遇低潮期和疲劳期，总有发挥不正常而输球的时候。但是，采取这样的激励手段，可以更多地提升“胜场场次”，确保足球俱乐部的整体成绩。还有人问：“我们不是讲扶贫吗？怎么说到足球俱乐部这里了？”我想说的是，扶贫与打造足球俱乐部是一样的。采取奖惩不过夜的激励方法去激励扶贫工作人员，也能将扶贫工作落实得更好。

奖惩不过夜体现一种奖励的果断性。扶贫是一项艰苦的工作，农行在搭建扶贫团队、驻村帮扶的过程中发现，如果扶贫工作难以推进，扶贫工作人员有可能会气馁。而气馁可能会导致失败。给扶贫工作人员打气是非常重要的环节。农行果断采取了奖惩不过夜的方法，当扶贫工作人员获得了一定的成绩，及时进行奖励。奖励包括物质奖励与精神奖励，如果扶贫任务没有在规定时间内完成，是不是一定要及时处罚呢？

农行的一位工作人员给出解释：“如果遭遇不可抗力，不应该给予处罚。如果是人为原因导致未完成目标，需要根据实际情况进行处理。”严格来讲，扶贫团队的管理人要在充分尊重扶贫工作人员的基础上进行奖惩。奖惩不过夜，就是要第一时间内给出奖惩结果。

中国有个成语叫“夜长梦多”，第一时间对扶贫工作人员的工作做出奖惩，有利于扶贫工作持续、有效开展。

2. 放大关键行为

扶贫除了要埋头苦干，还要做出声量，体现影响力。就像古人打仗时击打战鼓，击鼓的声音具有鼓舞士气的作用。另外，当一支队伍取得了至关重要的胜利时，需要对这次胜利进行总结盘点，以此奖励这支队伍，并将这支队伍打造成“标杆”。

有一个词叫“关键行为”，放大关键行为，形成群体记忆是一种有效的激励手段。什么是关键行为呢？关键行为是推动目标实现的高效行为。如果扶贫队伍在短时间内完成了某个目标，扶贫队伍所采取的扶贫措施、扶贫手段、扶贫方法、扶贫策略等，这些促成目标实现的行为表现，就是关键行为。如果扶贫组织能够识别这些关键行为，就能从关键行为中总结出有价值的扶贫经验。现实中，虽然许多扶贫工作人员有工作热情，但是有时方法不得当，无法体现效率。还有一些扶贫工作人员有过辉煌的扶贫经历，但是扶贫组织并没有对其进行嘉奖，扶贫工作人员的努力没有得到奖励。

放大关键行为，就能对整个扶贫工作队伍进行激励。放大关键行为有四大好处。

（1）让最重要的经验得到总结。

扶贫工作中的关键行为等同于一个好的扶贫工作案例，这个案例包括成功的经验、成功的模式。放大关键行为，就是对成功的扶贫工作案例进行盘点、回顾。换言之，放大关键行为等同于复盘。作家约翰·加德纳认为：大多数境况不佳的组织已经患上一种功能性视觉障碍，它们看不见自己身上的缺点。它们的症结并不在于无法解决自己的问题，而在于根本看不见自己的问题。复盘就是为了解决这些症结，尤其是扶贫攻坚过程中无法攻克的难题。放大关键行为，可以让最重要的经验得到总结。正如诺贝尔医学奖得主纽斯林所讲：解决问题的关键在于收集到足够数量的碎片，并努力找寻这些碎片之间的关联性，而不是只关注某些碎片。

（2）找到最佳的扶贫时间点。

精准扶贫需要把握节点，而不是盲目进行。很显然，关键行为包括关键时刻，即关键节点。如果能找到这些关键节点，就能推动精准扶贫。事实上，扶贫过程中，总有一些关键机会，或者关键节点。如果把握好了，就能解决问题。放大关键行为，就是用激励的方式让人们找到精准扶贫中的关键节点。如果知道关键节点在什么情况下出现，就可以集中力量和优势，在关键节点进行扶贫攻坚，这样往往能达到更好的效果。

（3）为其他人提供榜样。

在扶贫队伍中，有不同的工作人员，不同的人员应各司其职。如果其中一个工作人员扶贫业绩突出，在单位时间内体现了扶贫的高效性。扶贫部门应该嘉奖他，并将其优异的扶贫行为进行放大，形成榜样。放大个人关键行为，一方面是对个人工作成绩的肯定；另一方面树立榜样、嘉奖榜样，可以让其他人去学习。古人说：“三人行，必有我师焉。”农行在扶贫攻坚过程中，特别重视榜样的力量，树立榜样，放大关键行为，既有激励榜样的作用，又能激励其他人与榜样一起前进。

（4）找到突出重围的样本。

扶贫攻坚的难点在于，面对一个硬骨头，很难从骨头上啃下肉。换言之，如果扶贫组织缺少一种突出重围的精神，也就无法解决扶贫中遭遇的困难。仅仅靠用心、用情、用力是不够的。还有一些扶贫组织单纯依靠政策去扶贫，当政策起不到“推波助澜”的作用时，扶贫攻坚工作就会停下来。想要解决这个难题，需要用“放大镜”的方式，对成功样本进行“放大”，找到能够突出重围的样本。嘉奖优秀，让优秀者更加优秀；鼓励后来者，让后来者掌握一种突围的经验，解决扶贫中的困难。

另外，放大关键行为，第一时间进行奖励，有利于形成“集体记忆”。关于所谓“集体记忆”，法国社会学家皮埃尔·诺哈给出一个定义：一个“记忆的场所”是任何重要的东西，不论它是物质的或非物质的，由于人们的意愿或者时代的洗礼而变成一个群体的记忆遗产中标志性的元素。集体记忆的形成，可以促进扶贫工作人员养成良好的工作习惯，继而提高扶贫工作效率。

第四节　搭建高效扶贫团队

1. 以"扶贫方向"定团队

做任何事都要有方向，扶贫如果没有方向，也就无法体现扶贫的精准和扶贫的效率。现如今，扶贫进入攻坚和收尾阶段。不同的贫困地区和一些刚刚脱贫的地区面临不同的问题。有些地方物质、精神都没有脱贫；有些地方物质脱贫了，但是精神还没有脱贫；有些地方精神脱贫了，但是物质还没有脱贫；更有一些地方精神和物质双脱贫，但是还没有完全消除致贫隐患，一旦停止扶贫工作，还可能返贫；还有一些地方"造血系统"还不完善，"造血功能"不全……精准扶贫是"以贫定向"的扶贫，只有"以贫定向"才能进行精准扶贫和扶贫队伍的搭建工作。常见的"扶贫方向"有哪些呢？

（1）医疗。

许多贫困地区医疗问题突出，尤其是一些贫困山区，行路艰难，医疗条件和医疗设施落后；还有一些贫困地区没有医疗机构，这里的人们得病后，需要跑很远的路才能看病，最后延误最佳治疗时机。因此，扶贫组织需要帮助贫困地区组建扶贫医疗团队。扶贫医疗团队涉及医疗机构的搭建和医疗人才的引进。例如，某地区扶贫团队建造乡村卫生所，在相关部门的配合下，引进了基层医疗人员，并根据实际情况，对村民进行医疗补助，解决他们看病难、没钱看病的问题。

（2）就业。

如果扶贫部门能够帮助贫困地区的贫困户解决就业问题，也就能帮助该地区脱贫。陕西省白水县在扶贫就业方面提供了一些经验。该县采取“四项举措”解决贫困地区的就业问题：第一，收集信息、建档立卡；第二，搭建求职用工平台；第三，开办就业技能培训班；第四，与企业直接合作。因此，我们的扶贫部门要根据这“四项举措”搭建功能不同的四个团队，或者搭建一个团队再分别成立四个相对应的部门，由不同的部门和人负责建档立卡、搭建平台、开班培训、企业联谊。如果这样去做，也就能解决扶贫就业问题。

（3）人才。

有人说：“人才是第一生产力。”有些地区之所以贫困，是因为缺乏人才。众所周知，贫困地区因缺乏资源而无法引来“凤凰”，这就需要扶贫部门搭建扶贫人才团队，帮助贫困地区招纳人才。当然，招纳人才并不是一件容易的事情，除了给予人才相应的待遇，还需要搭建扶贫产业，用产业留住人才。负责招纳人才的扶贫团队还要与贫困地区做好充分的串联工作，解决人才的后顾之忧。人才只有留下了，才能在贫困地区发光发热，创造经济效益和社会效益，继而帮助贫困地区脱贫致富。

（4）技能。

前面我们讲了“授之以鱼不如授之以渔”的道理，让没有脱贫技能的贫困人员掌握脱贫技能，就能解决脱贫相关问题。山东某贫困地区，农民以种植普通作物为生。但是该地区处于山区，耕地少，且土地贫瘠，农作物产量低，一直没有脱贫。后来，扶贫组织进驻，并成立了技术帮扶团队，团队成员都是农业方面的专家。这个团队每周来这里进行技术讲座和培训，并向村民推广种植樱桃树。经过技术扶贫，这个地区形成了万亩樱桃种植基地。后来，技术团队帮助农民改善樱桃品种，提高果实售价。现如今，这个地区凭借樱桃种植脱贫致富，人均年收入超过 15000 元。

（5）社保。

许多贫困地区的老百姓没有社保，也没有其他的相关保障，一旦出了问题，后果不堪设想，需要社会伸出援助之手。因此，扶贫部门还要搭建社保扶贫平台，让老百姓享受到社会保障。社保扶贫部门还要从社会保障与扶贫政策出发，将贫困地区符合国家标准的居民纳入扶贫攻坚任务，把社保扶贫当成一项重要工作去做。

（6）金融。

如今，贫困地区想要脱贫，急切需要金融部门的帮助。在我国，还有许多贫困村的村民没有开户，也没有相关部门为他们提供金融服务。金融扶贫是银行扶贫的重要方式，农业银行为了解决贫困地区人们的金融需求，特意搭建金融扶贫团队，并要求团队进驻贫困地区进行现场帮扶。

除了上面六个，还有许多“扶贫方向”，如农业扶贫方向、教育扶贫方向等。扶贫部门要结合贫困地区的特殊情况，从贫困户的实际出发，搭建扶贫团队，让专业团队帮助贫困地区脱贫。

2. 重视个人能力

用人之长，避人之短。每个人都有自己的特长和能力。如果一个老板重视个人能力，并能让每个人都在团队中发挥自己的特长，就能充分挖掘团队潜能。扶贫团队也是如此。想要打造高效扶贫团队，就需要重视团队成员的个人能力，让他们展现自己的能力。最有名的团队是唐僧团队，这个团队一共有四个人，每个人都发挥不同的作用。

（1）唐僧。

唐僧相当于团队领导人，他并没有孙悟空的降妖除魔能力，没有猪八戒的沟通能力，也没有沙僧那种任劳任怨的态度……但是他有三个徒弟并不擅长的优势，即决策能力和领导能力。

《西游记》中，唐僧是一个意志坚定、目标明确的人。如果放在扶贫团队中，他相当于扶贫团队里的管理者。扶贫团队的管理者必须有明确的扶贫目标，把扶贫当作取经。与其他团队成员相比，团队管理者只需要做好三件事：提供目标和方向、做决策、适当提供做事的方法并给予指导。唐僧具备这三种能力，他提供了取经的方向，每一次都要做出决策，并且对三个徒弟进行耐心教导。换言之，唐僧是取经团队中的灵魂人物，是最不可缺少的人物，是整个团队的主心骨。与此同时，唐僧还要让自己的三个徒弟各自发挥优势和特长，确保取经顺利进行。

（2）孙悟空。

孙悟空取经之后被封为“斗战胜佛”。从这个称号中可以直接解读出，孙悟空是一个战斗力强、业务能力强的角色。当然，他的短板也很明显，做事急躁，有时候不讲究策略，喜欢硬来，在一个扶贫团队中，也需要孙悟空这种业务能力极强的人。在基层开展扶贫工作，离不开孙悟空这样的角色。扶贫部门搭建团队，应该招募这样的人物，给他们一定的权限，让他们在扶贫方面大显身手。像孙悟空这样的团队角色需要靠岗位制度去约束他，相当于给孙悟空戴上紧箍儿。因此，在搭建扶贫团队的时候，要完善岗位制度和监督制度，让“孙悟空”将能力发挥到应该发挥的地方去，同时用制度的“紧箍儿”去约束他的行为。

（3）猪八戒。

猪八戒并不是一无是处。事实上，猪八戒在取经四人组中起到了润滑的作用。唐僧与孙悟空闹矛盾的时候，猪八戒出面，就能把即将离队的孙悟空劝回来。换言之，猪八戒的强项是沟通。在扶贫工作中，沟通是非常重要的一环。扶贫工作人员深入一线，与贫困地区的人员接触，首先就需要进行沟通。如果沟通工作落实不到位，扶贫工作也就无法开展。一个擅长沟通的人，知道沟通的价值在哪儿。管理大师德鲁克曾说：“一个人必须知道该说什么，一个人必须知道什么时候说，一个人必须知道对谁说，一个人必须知道怎么说。”团队成员如能发挥良好的沟通能力，就能快速打开局面，让扶贫团队与贫困户有很好的合作。

（4）沙僧。

沙僧给人的感觉是忠心耿耿、任劳任怨，是个默默付出、踏踏实实干活的人。在团队里，不可能所有的成员都像孙悟空那样业务能力突出，也不可能全部成员都擅长沟通……事实上，扶贫团队中，大多数成员是沙僧这样的角色。有人说：“沙僧能力平平，业务不如孙悟空，沟通不如猪八戒，而且做不了决策，只能闷着头干活，毫无特长。”这样的评价是不对的，沙僧的特长就是任劳任怨、扎扎实实地工作。扶贫攻坚，需要这样的人去夯实工作。扶贫，相当于给贫困地区修一条脱贫之路，修路过程中，搬沙子、搅拌水泥等基础性工作由谁完成呢？由沙僧这类团队成员完成。没有踏实肯干、任劳任怨的团队成员的付出，脱贫攻坚战是打不赢的。

除了上述四个角色，团队中还有一匹白龙马。白龙马也是西天取经的成员，白龙马是一个任劳任怨的角色，取经之路甘于付出，甚至在危难之时也能伸出援助之手。在我看来，白龙马虽然是取经团队中的配角，但是也不可或缺。

打造具有核心竞争力的高效扶贫团队，需要将具有上述能力的人整合在一起，适当授权给他们，让他们在自己的岗位上发挥特长，再用岗位管理制度约束他们一些不可控的行为。只有这样，相关组织才能搭建高效、精准的扶贫团队，打赢脱贫攻坚战。

3. 协调上下与左右关系

中国是一个讲究人情世故的国家，人与人之间的关系是非常微妙的。“中国式关系”体现在方方面面，想要做好一件事，就需要把各种关系梳理好。有人说：“关系就是效益。”从事扶贫事业，也要“讲关系”。扶贫部门要与上级搞好关系，扶贫部门内部要搞好关系，扶贫部门与贫困地区的组织和个人更要搞好关系。关系搞好，是开展扶贫工作的基础。如果一个人连关系都搞不好，如何才能顺利做事呢？

有一个驻村帮扶干部姓刘，他年纪不大，但是“搞关系”有一套。有一次，扶贫部门协调其他部门，准备给村里修路。修路并不是一件简单的事，牵扯到几个农户的宅基地。只有做好农户的思想工作，让农户签字同意，路才能修。刘某亲自去拜访，连续拜访了近一个月的时间，终于说服了农户。

开工之前，这些农户竟然请刘某吃饭，并对刘某竖起大拇指：“你真是一个好干部，处处为我们着想！不就是出让宅基地吗？为了村子建设，我们让！”刘某的工作很到位，修路的事很快就落实了。

有人好奇：“刘某有什么魔法？”刘某说：“多与农户进行沟通，与农户搞好关系。农户们虽然看中个人的利益，但是我必须让他们知道，修路不仅能保住自己的利益，还能让其他人受益。”刘某的沟通很有效果，而刘某凭借沟通的方式与当地农户打成了一片，赢得当地农户的支持！

搭建一个扶贫团队，需要协调团队内和团队外的各种关系，关系越好，扶贫工作越好做。如何才能协调好上下与左右的关系呢？需要掌握以下几种处理关系的方法。

（1）尊重对方。

人与人之间的关系建立在彼此尊重的基础上。如果没有尊重，也就无法形成可靠的关系。英国哲学家洛克认为：一种天性的粗暴，使得一个人对别人没有礼貌，因而不知道尊重别人的倾向、气性或地位。这是一个村鄙野夫的真实标志，他毫不注意什么事情可以使得相处的人温和，使他尊敬别人，和别人合得来。尊重对方，给对方留下好印象，以尊重换来对方的尊重，才能产生好的“关系”。

（2）选择服从。

对自己的上级单位，一定要服从。俗话说：“军人以服从命令为天职。”服从上级指令，才能接受上级的指导，并完成扶贫工作。但是服从不等于盲从。服从是建立在“信服”的基础上的。如果盲目地去执行错的命令，只能是错上加错。服从上级，才能与上级建立起和谐的上下级关系。在团队内部，团队成员也要服从团队的集体决议。

（3）对工作负责。

在我看来，真正想要处理好上下与左右的关系，必须端正工作态度，对工作负责。一个人的责任心越强，越能赢得他人的尊重。现实中，一些人错误地将关系理解为耍嘴皮子或者吃喝送礼；实际上，建立关系就是建立信任。如果你是一个对工作负责、尽职尽力、有事业心的人，你一定会赢得大家的信任，从而建立关系。上级信任你，就会给你更多权限让你大展拳脚；同事信任你，就会跟你合作，或者让你参与更多关于“扶贫”的工作；农户信任你，才会配合扶贫工作。

（4）擅长补台。

什么是补台呢？补台指的是在舞台表演中突然出现意外情况，使台上的表演者无法按照原有安排演出，有可能导致表演事故的发生，此时演员凭借自身素质进行临场发挥，想办法将情况处理好，使观众无法看出破绽和漏洞，让表演顺利完成。现实中，人人都有可能犯错误，或者遭遇突发情况而无法应对。这时，我们就需要帮助对方补台。给农户补台，农户会更加主动配合工作。补台是一种智慧，也是修缮关系、改善关系的良药。许多人通过补台的方式赢得尊重，换来好的局面。

营销大师博恩·崔西说："销售领域里得到最高业绩的一个概念就是'摇钱树'概念。人脉销售就是一个开枝散叶、开花结果的过程。"关系就是人脉，人脉越强，工作越顺利。营销如此，扶贫也是如此。搭建扶贫团队，从事扶贫攻坚，协调好多方关系简直太重要了。

4. 团队利益与个人利益一致

团队利益与个人利益要一致，否则无法搭建团队。现实中，有许多团队土崩瓦解的原因很简单，个人利益超出了团队利益。个人利益优先，势必会破坏团队利益。

曾经有个企业为了进军一个新市场，搭建了一个新的市场营销团队，团队负责人姓王，团队一共13个人。这个团队的核心成员几乎都是该企业的精英，按理说，想要干出一番成绩，并不是很难。就像王某所说：只要大家心往一处想，劲往一处使，就能创造成绩。

但是事与愿违，这个团队来到新市场之后，团队成员拼命跑出业绩，出了业绩之后便对王某提意见："王总，我们付出了这么大的努力，但是团队给我们的奖励和回报实在太低了。"王某明白，团队成员想要提升个人奖励。于是王某打报告申请，但是多次没能申请下来。企业老板告诉王某："企业目前需要资金，暂时无法给予支持……"

王某对团队成员进行了一番安抚，并承诺："只要大家努力，我给大家争取条件。"此时的团队，已经是一个个人利益优先的团队了，团队成员跑市场，首先要把自己的那一份"回扣"拿出来，剩余的再交给公司。对于这种现象，王某采取了"睁一只眼、闭一只眼"的管理方式，放任团队成员。时间一长，团队成员都有钱了，但是团队的收益严重下滑。企业老板得知真相，非常生气，直接原地解散了团队，团队负责人王某原本是一个优秀的团队领导者，因没有处理好团队利益与个人利益之间的关系而受到处分。

扶贫工作也是如此，扶贫等同于经营。扶贫团队也有团队利益，个人也有个人利益。如果一个人在团队中的贡献与收获不成正比，就会产生矛盾心理。如何才能使团队利益与个人利益一致呢？

（1）培养团队意识。

如果团队成员有团队意识，就会把团队利益当成自己的利益，工作时既为"大家"也为"小家"。培养团队意识的办法有很多，常见办法有四种。

① 营造团队归属感，营造一种"家"的氛围。团队管理者以"爱"打造团队，让团队成员感受到"爱"与"宽容"。

② 加强沟通。如果团队成员有自己的想法，团队管理者应该及时找他谈话，了解团队成员的内心，及时疏解团队成员的心结。如果团队成员的心结被解开，也就能化解内心矛盾。

③ 加强服务。团队管理者不是"发号施令"者，而是一个团队利益的维护者和团队成员的服务者。除了做决策，团队管理者要把

自己当成“保姆”，时时刻刻给团队成员提供服务。只有这样，才能把团队打造成“家”一般的团队。团队成员才能变成“家庭成员”。

④ 提升团队成员的境界。“境界”这个词有些虚，实际上，如果每一名成员都有一定的境界，自然是团队利益优先，个人利益随后。团队管理者要加强团队的精神教育，强调团队与个人之间的包含关系。帮助团队成员梳理两者之间的关系，也就能逐渐提升团队成员的境界。

（2）采取“人性化”激励。

许多人对“大锅饭”或者“一勺烩”的分配模式表示不满：“凭什么干活多、付出多、业绩好的人与干活少、付出少、业绩差的人拿钱一样多？”其实，这种平均分配的方式本来就是不合理、不公平的。马云曾经给阿里巴巴全体员工写过一封信，信中写道：“奖金的作用是根据公司整体业绩来肯定和鼓励那些在职位上有出色表现的人。奖金不是福利，不是每个人都理所当然获得的，而是靠努力才能获得的！分配上，我们坚决不搞平均主义，平均主义是对辛勤付出且绩效优秀同事的不公平！”

要打破平均主义，采取弹性激励手段，让付出的人得到应该得到的奖赏。与此同时，要拒绝个人的“狮子大开口”，制定相关分配制度和激励制度，要求团队成员在上面签字，并承诺遵守相关制度和协议。如果有人不遵守，依旧不满足现状，就可以将其移出队伍。另外，团队管理者不要盲目强调“团队利益至上”。事实上，只有团队利益与个人利益达成一致，团队运营才能更加健康。

如果我们的团队管理者能够加强团队意识培养和人性化激励管理，加强团队沟通和团队服务，就能搭建起高效的、有凝聚力的扶贫团队。

5. 给团队成员愿景

人们常常提到"愿景"二字，什么是愿景呢？愿景是一个组织中，组织领导与组织成员共用形成的、具有引导和激励组织成员作用的、关于未来场景的一种描绘。简单说，就是给组织成员一个可以实现的"梦"。

愿景具有导向性，愿景是一个目标，而不是一个无法实现的梦。愿景可以鼓励组织成员，让组织成员甘心付出，并克服一切困难。愿景给组织成员提供了方向，只要组织成员朝着这个方向，竭尽全力地去奋斗，就能成功。愿景也是一种"希望"。或许有人会说："愿景就是老板给员工'画大饼'。"不要小看"画大饼"的作用，如果不先画出"大饼"，就无法得到真正的"大饼"。扶贫也是如此。扶贫部门在搭建扶贫团队的时候，也要给团队成员描绘扶贫愿景。

扶贫的愿景是什么？可能不同的扶贫团队有着不同的愿景。湖南浏阳驻小河乡乌石村第一书记给出他的扶贫愿景，他说："我这两年的时间一直在扶贫一线，通过各帮扶单位的共同努力，现在村里的路、水、电等各方面基础设施都已发生巨大变化，人民群众生活水平得到了显著提高。贫困户能过上美好生活是我们每个扶贫干部的愿景。"

是啊，贫困户能过上美好生活就是扶贫团队的愿景。还有一位农行的驻村扶贫干部告诉我："我们的愿景就是帮助贫困地区脱贫，看到当地人民过上富裕的生活。"扶贫的愿景是无私而崇高的，扶贫团队需要一群无私的人，需要他们朝着自己的奋斗目标前进。“脱贫”不是“画大饼”，而是实实在在“给大饼”。扶贫团队承诺给每一个贫困户一张“大饼”并不懈努力，就会实实在在地给他们每人一张“大饼”。扶贫团队的愿景与贫困地区老百姓的愿景是一致的。

新华网上的文章《希望乡亲们的生活温暖而富足——一位扶贫队长的新春愿景》报道了一个扶贫干部的事迹。这位扶贫干部来到新河县寻寨镇耿秋口村担任扶贫工作队队长。担任工作队队长期间，他尽职尽责，经常走访贫困户，只要贫困户有困难需要他，他就会想尽一切办法帮助他们。上了年纪的贫困户耿某说：“以前我住的房子快塌了，中间顶上个大柱子，只要下雨，房顶就开始漏雨，日子过得实在艰辛。王书记来村里后，挨家挨户走访调查情况。之前他利用危房改造项目，给我盖上了明亮的大北屋，我心里的一块疙瘩终于落地了。”后来记者来到耿某的家，发现耿某的家宽敞明亮，凝聚着一种幸福的气息。耿某向记者描绘自己的生活：“真没想到还能住进这样的新房子，现在我腰板也直了。过了年，准备让儿子一家回来，村里现在机会路子慢慢多了，希望家里的日子越来越红火。”

除了有针对性帮扶贫困户，扶贫工作队队长扎根贫困地区，搭建扶贫团队，利用当地资源，帮助贫困地区造血。他带领着团队其他成员对该地区的贫困户进行分类，然后有针对性地采取帮扶措施。与此同时，他为该地区21户贫困户与新河金嘉盒业有限公司、6户贫困户与河北颐善美食品有限公司签订了入股协议，仅此一项，每个贫困户每年就可以分到300元。另外，光伏扶贫产业来到了这里，并且当地已经完成了光伏电站的安装测试工作。只要光伏电站成功运行，还将给该地区的贫困户带来每年 3000 元的收益。扶贫工作队队长说：“有了好的开端，我们还要继续努力，巩固成果。新的一年里，希望耿秋口村的乡亲们生活温暖而富足。”

他的扶贫愿景也是扶贫团队的扶贫愿景，同样是贫困地区的脱贫愿景。有了愿景，大家才能形成合力。另外，这个合力来自扶贫干部、其他扶贫成员、贫困户，扶贫干部给出扶贫愿景，其他扶贫成员根据愿景去行动，贫困户接受扶贫人员的帮扶、配合扶贫人员的工作……真正的扶贫团队也是这三种角色组成的团队，而不仅仅是由扶贫工作人员组成的团队。

如果我们的扶贫团队在扶贫工作开始之前就形成了一种共同愿景，也就更加有利于扶贫工作的开展，帮助贫困地区快速、有序脱贫。

6. 形成扶贫凝聚力

无论做什么事情，都需要一种力，这种力就是凝聚力。凝聚力是一种“1+1 ＞ 2”的力。扶贫需要凝聚力，尤其到了扶贫攻坚阶段，凝聚力是一种决定胜负的力量。

都说金融扶贫看农行，农行在扶贫过程中，充分展示了凝聚力。农行借助“惠农 e 贷”打开局面，帮助贫困地区的贫困户打造自己的特色产业。在造血产业扶植方面，农行成立了帮扶团队，一心一意为贫困地区的贫困户进行服务。

农行咸阳分行的脱贫攻坚战打得漂亮。农行咸阳分行成立扶贫突击队，对旬邑县职田镇景家村进行肉兔养殖产业帮扶。突击队采取了三种帮扶方式：第一，成立助农惠农团队，以团队形式进行帮扶，通过一系列的基础工作，初步形成一种帮扶模式，且团队中的每个成员都有自己的任务，并按照扶贫绩效对成员进行考核；第二，对贫困户进行悉心指导，肉兔养殖是门技术活，需要让贫困户掌握养兔技术，养兔产业才能形成；第三，团队成员加班加点，与贫困地区的人民风雨同舟，体现扶贫精神。

另外，农行咸阳分行联手大企业一起进行扶贫，如联手陕西优利士乳业集团有限责任公司，打造“产业化龙头企业带动＋扶贫”模式，并给予上游奶山羊养殖贫困户“惠农 e 贷”服务贷款，以龙头产业带动养殖户进行脱贫。其中永寿县永平镇碾子沟村有 52 户贫困户，共计 190 人，这里也是农行咸阳分行的定点扶贫村。农行扶贫团队挨家挨户进行走访摸排，并与村党委和村民代表进行沟通洽谈，形成《碾子沟村产业发展规划和基础设施建设规划》。据农行陕西分行报道：咸阳分行先后协调落实中药材、奶山羊、黄牛等种养殖项目，牵线合作企业签订优先用工协议，特别是主导引进温氏模式生猪养殖项目并帮助建立养殖合作社示范养殖棚，为 47 户贫困户每户带来分红收入 3300 元，带动碾子沟村民 2019 年人均纯收入增加到 7200 余元。

咸阳分行成功扶贫，离不开扶贫团队的辛勤工作，更离不开扶贫团队无与伦比的凝聚力。换言之，扶贫部门只有具有凝聚力，才能打赢脱贫攻坚战。如何才能形成扶贫凝聚力呢？

（1）打造团队理念。

团队理念对于团队而言，相当于灵魂。因此，组建团队需要打造团队理念。团队理念包括大局意识和协作精神。管理专家谭小芳认为：团队理念是由团队精神支撑的，团队是由两个或两个以上的人组成的集体，其成员之间在某种程度上有动态的相互关系。打造团队理念，给扶贫团队一种精神，才能形成扶贫凝聚力。

（2）不断进行沟通。

说到底，团队管理的秘诀在于沟通。沟通工作落实到位，就能消除团队成员之间的沟通障碍，最后解决团队存在的“传导”问题。只有扶贫团队中的各种障碍得到解决，才有可能形成扶贫凝聚力。对于扶贫团队管理者而言，打造扶贫凝聚力需要从沟通开始。

（3）制定团队规则。

团队并不是一个个人表演的地方，它是一个集体工作的地方。打造团队，需要提前制定团队规则。凡事都要按照规则，如果违反了规则，相关人员就需要接受处罚。规则不是为了限制团队成员，而是为了规范团队成员的行为，让团队运转保持科学高效。团队规则就是把团队中的一切事项告诉每一个团队成员，让团队成员去遵守。

（4）团队管理者要有胸怀。

为什么在这里单独强调团队管理者而不是团队成员呢？在我看来，管理者依旧是团队中最不可或缺的人物，他的言行直接决定团队的发展。如果团队管理者心胸狭窄，总是跟团队成员闹别扭，就无法形成凝聚力。如果扶贫团队成员有一些不成熟的地方，团队管理者要学会包容，不能粗暴指责，要给他们营造一个和谐的、包容的团队氛围，这样的氛围有利于扶贫凝聚力的形成。

除了上述四种办法，扶贫团队成员还要有长远的眼光，不要只顾及个人利益和眼前利益。越是盯着眼前利益，越容易产生矛盾。因此，扶贫团队管理者要带领其他成员迈开步子去做事，成员之间要充分协调好个人与团队的利益关系。只有这样，才有扶贫凝聚力，才能形成一支敢打硬仗的扶贫队伍。

第五节 搭建高效扶贫平台

1. 扶贫信息平台

当今时代是一个信息高度发达的时代，信息在某种意义上就代表着经济效益。如果一个人掌握了足够多的信息，也就能把信息变成财富。众所周知，许多信息网站的赚钱模式是信息产生流量，流量产生广告效益。如果扶贫部门能给贫困地区搭建一个扶贫信息平台，就能帮助贫困地区脱贫。扶贫信息都有哪些作用呢？

（1）信息更新人的知识。

贫困地区的信息相对落后。有一位银行业的朋友在贫困地区扶贫，他告诉我："部分贫困地区的人，甚至不知道互联网是什么。"如今已经是互联网时代了，几乎所有的经济都与互联网挂钩。如果贫困地区还不普及网络，甚至这里的人不知道互联网是什么，那就太落后了。落后怎么能不穷？搭建信息平台，就是让贫困地区的人们认识互联网，接触互联网，通过互联网重新认识世界。眼界开阔了，认识提高了，人的信息得到了更新，就能找到摆脱贫困的方式和方法。信息更新人的知识，也能帮助贫困地区打开一扇窗户。

（2）信息带来新技术。

许多人并不是从学校里学习的技术，而是通过各式各样的信息平台学习的。有一个人，他高中毕业后并没有选择打工，而是选择了务农。务农很难致富，但是他是村子里比较早的安装并使用电脑的人。后来，他在某农业网站上看到食用菌养殖，并认为自己可以通过种植食用菌致富。于是，他从网上自学，掌握了食用菌种植技术，并开始种植食用菌。如今，他依靠食用菌种植，每年可以获利10万元左右。他所在的村子，已经有60多户种植食用菌，并形成了合作社进行营销。换言之，信息给农民带来了技术，农民通过技术发展产业，产业带领农民脱贫。

（3）信息改善闭塞的环境。

有人问："为什么会贫穷？"导致贫穷的原因有很多，环境闭塞是其中之一。尤其在我国的山区，信息网络不发达，交通闭塞，信息闭塞……闭塞的环境导致贫穷。如果扶贫部门通过改善信息环境，将信息平台搭建起来，就能消除"闭塞导致的贫困"。信息环境改善了，人们了解了世界，掌握了技术，就能从闭塞的地方走到开放的地方。有一些贫困村是"打工村"，打工让劳动力走出去，通过打工改善自己的生活。他们中的部分打工青年有了一定的"资本"，回老家创业，也能带动身边的父老乡亲脱贫致富。

（4）信息引发贫困地区变革。

俗话说："穷则变，变则通。"如果一个地方贫困，可能是"道路"不通畅所致。搭建信息平台，就是给贫困地区修建一条"信息道路"，用这条道路打通贫困地区的"任督二脉"。与此同时，海量的信息将引发巨变，这种巨变就是变革的动力。如果一个贫困地区与城市地区的“信息”进行了无缝连接，就会产生一种“变革力”。贫困地区只有“变革”才能走上富裕之路。扶贫部门只有帮助贫困地区搭建信息平台，才能创造变革的条件。搭建扶贫信息平台，汇聚海量信息，这些信息包括技术信息、商业信息等，对地方的改革发展有至关重要的作用。

（5）信息给贫困地区带来市场。

如今，许多贫困地区在信息工程的搭建之下形成了自己的电商平台，贫困户将自己的商品挂在网上出售。甘肃天水的苹果有名，当地人通过电商平台将苹果卖到了全国各地。有人说：“酒香不怕巷子深。”在我看来，这样的思路要改一改。全国各地都有名优品种，市场竞争十分激烈。因此，扶贫组织需要将贫困地区的“好酒”搬到巷子外面，让所有的人都知道并愿意购买。在这方面，农行做得十分到位。农行帮助贫困地区搭建电商信息平台，帮助贫困地区的贫困户卖货。另外，一些贫困户学会了抖音直播等，通过直播带货的方式推销自己的产品。贫困地区的贫困户还可以通过互联网信息平台发布自己的产品信息，以此进行招商洽谈。

除了上述五大作用，扶贫信息还有许多其他的作用，因篇幅原因不再详细阐述。在信息时代，信息就是“金钱”。给贫困地区的人们信息，等同于间接“发钱”。因此，搭建扶贫信息平台是扶贫的一项重要工作。

2. 扶贫产业平台

产业扶贫是重要的扶贫方式，扶持贫困地区的产业，就等同于给贫困地区一套“造血器官”。大众网上有一篇名为《产业平台成扶贫“大舞台”》的文章，文章写道：定陶区坚持把脱贫攻坚作为第一民生工作来抓，创新模式，突出“一乡一业”“一村一品”作用，整合合作社、产业基地、特色产业、电子商务等产业资源，把扶贫工作搞得有声有色。“合作社 + 贫困户”模式。鼓励有带动能力的各类农村专业合作社，流转贫困户土地，吸纳贫困人口务工。全区 595 个合作社，辐射带动 5786 户贫困户。“特色农业 + 贫困户”模式。全区发展专业镇 4 个、专业村 50 个。按照聚合特色优势的办法，利用万亩早春西瓜、万亩山药、万亩玫瑰、万亩蔬菜大棚等特色产业资源，将产业帮扶措施落实到贫困户，惠及贫困群众 2 万余人。①

大众网上的这则案例是山东菏泽定陶区的脱贫案例，也是典型的扶贫产业平台复苏当地经济的案例。其中提到了几个概念：一乡一业、一村一品。

一乡一业，即一个乡镇发展一个产业。案例中的定陶区，大力发展现代农业，如早春西瓜种植、万亩山药、万亩玫瑰、万亩蔬菜大棚……根据乡镇自然条件和资源优势，选择适宜的产业，然后调动集体力量，大力发展该产业，形成“万亩”的概念。

一亩两亩不算产业，一百亩两百亩也不算产业，上万亩才算产业。所谓产业，必须要有一定的体量。体量足够大，才能形成区域市场，掌握一定的市场主导权和产品定价权，才能卖出好价格，或者才能与大企业进行合作，形成“产业—商业”联盟。

一村一品，即以村为单位，按照市场需求，充分发挥当地优势，

① 苑肇波，臧宝安 . 产业平台成扶贫“大舞台”［EB/OL］.（2016-08-04）［2020-07-21］. http://paper.dzwww.com/ncdz/content/20160804/ArticelNC07003MT.htm.

通过大力推进规模化、标准化、品牌化、市场化，让一个村拥有区域特色明显、具有一定市场体量的产业。

一村一品提到了“四个化”，即规模化、标准化、品牌化、市场化。事实上，扶贫产业平台也要集中体现“四个化”。

（1）扶贫产业平台的规模化。

产业是“产”与“业”的结合。产，即生产，不管是农业生产还是工业生产，“产”是基础。“业”即事业。当这两个字凑到一起，就产生了“质变”。为何产生质变呢？因为有一定的产量。有了产量，才能产生足够的业绩，才能形成产业。产业化的基础是规模，规模太小，没有市场竞争力；规模大到一定的程度，才具有市场竞争力。

（2）扶贫产业平台的标准化。

标准化是产业化、现代化的基础，没有标准化，也就无法形成现代产业。将标准化引入扶贫事业，实现科学管理贫困地区的产业，从而提高产品质量标准和技术标准。标准化还可以节约能源、降低成本，缩短产品生产周期，提高产能。另外，标准化可以将科研、生产、使用三者结合在一起，形成产业体系。产业的发展和创新离不开标准化。因此，推广标准化有利于产业创新和新产品的研发。

（3）扶贫产业平台的品牌化。

品牌就是品质的象征。为什么消费者会选择“品牌”而不是“杂牌”呢？品牌产品或许价格更贵，但通常其设计、质量、售后都更令人满意。“杂牌”虽然价格便宜，但质量可能无法保障，而且给人一种廉价感。扶贫产业的品牌化，有四个“有利于”，即有利于巩固产品市场地位，有利于保持产业的市场竞争力，有利于消费者对该品牌产品做出购买决策，有利于抵抗假冒伪劣产品的入侵。另外，品牌会影响产品价格，品牌越大，产品定价越有优势。因此，树立扶贫产业的品牌十分有意义。

（4）扶贫产业平台的市场化。

任何产业，都是“市场化+”的产业。如果没有市场化，也就无法将产业与市场接轨。没有市场的认可，产品就卖不出去。扶贫产业是以市场化为基础的产业，应遵循市场经济规律，符合市场准入门槛，按照市场准则，以市场需求为导向，及时调整产业模式和相关产品，依照市场变化做出选择。只有这样，才能在市场中立足，才能向消费者提供最好的产品。

如果扶贫部门想给贫困地区搭建扶贫产业平台，就要坚持体现扶贫产业平台的规模化、标准化、品牌化、市场化，这样才能做好产业平台，给贫困地区持续造血。

3. 扶贫电商平台

电商扶贫是当下常见的扶贫方式，许多山村都有自己的电商产业园，人们通过电商平台将自己的产品卖到全国各地。换句话说，电商是一种“点对点”的直接获利模式。

农行在电商扶贫方面精耕细作，收效显著。千龙网发布文章对此进行介绍，农业银行北京分行自主研发“农银e管家”电商平台，为涉农生产企业、县域批发商、农家店、农户提供线上“ERP（企业资源计划）+金融”综合服务，客户可以直接使用相关服务。“农银e管家”搭建线上金融服务渠道，以客户实际生产经营场景为切入点提供服务，将金融、信息服务深度融入企业生产经营的各个方面，客户无须改变现有流程，轻松对接自身需求。该行又大力推广“农银 e 管家”扶贫商城，利用网络平台特有优势帮助销售和采购 832 个国家扶贫开发重点县的商品，开创了“电商扶贫”的新模式。[①]

上面提到的“农银 e 管家”电商平台是农行专门为“三农”搭建的平台，它都有哪些特色呢？农行是这样介绍这个平台的：作为一名公司老板，您是否有这样的困扰？手工统计订单工作量大，购买系统费用又太高，线下销售客户局限性大，线上销售入驻费又太高，有没有这样一个平台，既能免费提供购销存系统，又能拓客户增销量？“农银 e 管家”就能满足这样的需求！“农银 e 管家”有六大优势。

（1）快速电商转型。

农业银行直接提供成熟的电商平台，无须贫困地区的企业和商户花钱开发电商平台，也无须花钱聘请技术人员对平台进行开发和维护。换言之，“农银 e 管家”本身就是一个成熟的电商平台，而且是一个“金融 + 电商”平台。

（2）销售管理提效。

一个优秀的、安全的电商平台，一定会提供人性化的、简洁的、高效的服务功能，企业和商户在使用该平台时，能对营销管理和财务管理进行提效。营销管理和财务管理的效率提高了，企业和商户的资金也会快速流转起来，有利于商品营销和企业（商户）发展。

（3）管理模式全面。

“农银 e 管家”电商平台能为企业提供展示平台，支持 ERP 系

---

① 刘雯．“电商平台、慈善信托、纾困基金”精准扶贫新思路即将亮相京交会金融服务展［EB/OL］.（2019-05-24）［2020-07-06］. http://finance.qianlong.com/2019/0524/3290312.shtml.

统数据对接及移动终端应用，构成惠农管家的全新电商服务模式，是一个管理模式非常全面的平台。

（4）资金回笼提速。

快速回笼资金对企业发展和商户运营有着至关紧要的作用，如果资金回笼慢，企业运转也会变慢。曾经有企业在资金回笼方面遭遇困难，导致无法开展下游生产工作。但是“农银 e 管家”电商平台有这样的巨大优势，它支持企业和商户通过网银、掌银、电话钱包等多渠道向上游合作单位直接付款，支持企业总部资金实时归集。事实上，“农银 e 管家”电商平台是以农行金融服务为基础的平台，也体现了农行金融服务的巨大优势。

（5）企业知名度提升。

如果一个电商平台帮助企业和商户进行商业宣传，并提升相关品牌的知名度，可以给企业和商户节省品牌宣传成本。“农银 e 管家”电商平台既能体现农行的服务，也能体现农行的特色。农行利用强大的资源，邀请贫困地区的企业和商户加盟，共同开发，帮助其打造品牌，提高产品附加值。

（6）优质资源共享。

农行官方提供了一组数据：“农业银行拥有 600 万户各类企业电子银行客户、超 4 亿个人客户、近 1 亿掌银客户、全国 2 万多家网点、超 15 万台自助机具、300 多万台智付通（转账电话）。”农行是中国四大银行之一，在中国有广泛的影响力，尤其在农村地区，农行的资源优势更加突出。为了打赢脱贫攻坚战，农行开启“优质资源共享”战略，将自己的优质资源共享给贫困地区的企业和商户，帮助其更好地开展脱贫自救工作。

农行这样介绍“农银e管家”：“‘农银e管家’为农业银行专为各类企业量身定做的银行级云平台。该平台高度契合企业经营流程，集信息流、资金流、物流为一体，帮助企业客户实现对自身以及供应链上下游财务结算、采购销售、营销配送等的全方位管理，全面打通实体与网络销售渠道，同步完成订单采集与资金收付，提高企业生产经营效率。”“农银e管家”电商平台是农行的特色扶贫电商平台，现如今在脱贫攻坚方面，已经开始发挥强大的作用。其他银行完全可以向农行学习，借助自己的优势，为贫困地区搭建新的扶贫电商平台，帮助广大的贫困户脱贫致富。

4. 扶贫旅游平台

这些年，许多山村开发旅游业。旅游业也是一项发展潜力巨大的产业。旅游业属于“休闲产业”，随着人们物质生活水平的提高，外出旅游的人越来越多。我国的“乡村游”逐渐形成规模，许多乡村通过开发旅游业脱贫致富，形成集旅游、餐饮、酒店于一体的商业模式。

我有一个朋友姓陈，他曾经在深圳一家外企工作，打拼许多年，当上了企业高管，年收入达到了七位数。他的老家在农村，他经常与老家的朋友一起吃饭、交流，便产生了回乡创业的念头。于是，陈某辞职，回到老家。

陈某的老家是一个山村，有山有水，风景秀丽。由于紧邻国道，交通也很方便。他找到村支书，商讨乡村旅游的事宜。

村子还有许多贫困户没有脱贫，如果开发旅游业，完全可以带动村子的贫困户脱贫。于是，两个人一拍即合，随后成立了一家旅游开发公司。

公司成立之后，陈某开始筛选旅游项目，并且对村子的村容村貌进行优化、升级。资金不够，他就找到银行贷款，还找到了投资人。三期旅游投资开发，一共投入约十亿元。第一期资金到位之后，旅游工程便浩浩荡荡地开始运作，山村很快就换了新颜。那些从事农业种植的农户们，看到有游客来到山村，便开办农家乐。除了开农家乐，还有一些农户将自己种植的山货搬到景区门口售卖。

在乡村旅游的带动下，许多农户富裕了。那些贫困户能脱贫吗？陈某是这样安排的。对于有劳动能力的贫困户，给他们在旅游景点安置岗位工作，他们每个月能领到2000元左右的工资，对于没有劳动能力的贫困户则通过给予补助的方式解决贫困问题。

如今，陈某的家乡已经是一个靠乡村旅游产业致富的山村。

回家乡发展旅游业的人非常多，但是像陈某这样能把事业做起来的人很少。如果没有这样的致富带头人，具有旅游开发资源的贫困地区就需要外来的力量帮助开发。农业银行在旅游扶贫工程方面，走在了前面，也积累了许多成功的经验。

沂蒙山区是革命老区，也是有名的贫困区。有人问："为什么革命老区会贫穷？"因为沂蒙山区山峦多，可耕种的土地少，农民收入有限。人民网有一篇名为《农行山东临沂分行旅游扶贫带动老区换新颜》的文章记录了农行扶贫老区，在老区开发旅游产业的过程。

王某是山东蒙山旅游区富泉村的一名普通村民，为了赚到钱，他准备开一家民宿。但是盖民宿需要钱，没有钱该怎么办？这时，农行伸出了援助之手！他说："多亏村里给联系了农业银行，工作人员来考察，前后不到一周就给批了5万元钱。以前我就是种点板栗、核桃什么的，等这个旅游民宿弄好，收入得翻好几番。"

山东蒙山风景区是一家5A级旅游景区，节假日可以迎来众多的游客。为了振兴旅游经济，农行深度参加了这项旅游工程，帮助革命老区搭建扶贫旅游平台，将乡村旅游与精准扶贫相结合。《农行山东临沂分行旅游扶贫带动老区换新颜》写道：农行临沂分行充分发挥金融机构的融资平台作用，为乡村旅游企业、经营业主及旅游扶贫村经营主体提供及时有力的金融服务。该行还依托创新基地政策优势，不断针对产品创新下功夫。精准施策，创新引入"政府增信"机制，探索了政府、担保公司、农业银行、合格创业农户四方共同参与、一体化协同运作的"四位一体"的支农惠农贷款新模式，通过以政府增信机制为基础，以担保公司为纽带，以农行信贷产品为载体，为符合条件的各类创业农户提供信贷支持，实施集约化批量运作模式，有效破解农民贷款问题。①

① 朱沙，黄磊．农行山东临沂分行旅游扶贫带动老区换新颜［EB/OL］．(2016-12-13)［2020-07-21］. http://news.eastday.com/eastday/13news/auto/news/society/20161213/u7ai6288858.html.

农民拿到贷款，也就能开办与旅游相关的配套项目，如民宿、农家乐、餐馆、旅游纪念品商店等。当旅游产业形成规模，旅游相关的收入就会提高，并且带动更多人就业，吸引更多客商投资。旅游不仅是一张名片，还是一种“商业模式”。如果我们的扶贫机构能够帮助贫困地区搭建扶贫旅游平台，就能帮助贫困地区的人们脱贫致富。

5. 扶贫物流平台

如今，有一个行业非常重要，它几乎决定着社会所有的“物料”的转运与交易。如果离开了这个行业，社会发展将会变缓，甚至停滞。这个行业就是物流行业。几乎任何行业都离不开物流，扶贫也是如此。如果在一个贫困地区修建大型的、仓储式物流中心，就会给那里带来脱贫的机会。扶贫部门搭建扶贫物流平台可以解决五大难题。

（1）帮助贫困地区的企业、个体解决仓储、运输等难题。

物流是一个复合型的概念，它不只是汽车运输，而是与运输相关的一切转运活动。物流对于一个企业而言，能提供储存、搬运、运输、包装、营销等条件。有人说：“物流是去库存。”由此可见，物流的作用非常之大，它能贯穿整合贫困地区的生产、经营活动，关系着人们的物质生活和精神生活，从而确保扶贫攻坚工作的正常进行。

（2）帮助贫困地区解决“资源分配不足”的难题。

物流并不是几辆车、几条公路、几个仓库，而是像互联网那样，覆盖着所有能到达的区域。如果扶贫部门在贫困地区搭建扶贫物流平台，就能将贫困地区纳入巨大的物流网。物流等同于“水”，给贫困地区搭建物流平台，等同于将“活水”引入贫困地区，创造脱贫的契机。众所周知，贫困地区的贫困原因是“资源分配不足”，交通不便、资源匮乏是贫困地区面临的主要问题。物流可以帮助贫困地区改善资源分配问题，将内部优势资源转化为效益，将外部优势资源引到这里。资源问题得到解决，物流速度加快，贫困地区才能脱贫。物流具有激活资源与经济的功效。

（3）帮助贫困地区建立多功能服务网络，解决服务难题。

贫困不是单一因素造成的，贫困是多种元素的匮乏造成的，其中一个元素就是“服务”。还记得那些交通不便的贫困村吗？修路是搭建扶贫物流平台的第一步，给村民修建冷链设施是第二步……这些步骤都是服务。如果扶贫部门能在贫困地区搭建扶贫物流平台，与之相关的服务难题就可以得到解决。

（4）帮助贫困地区的企业、个体解决成本难题。

如果交通不便，运输成本就会居高不下。一箱水果在物流发达的地区，从A到B，物流费用低廉，水果价格有市场竞争力，缩短的运输时间还能确保水果的新鲜程度。如果是在交通不便的贫困地区，还是这样的一箱子水果，从A到B，在运输距离相等的情况下，运输时间长，运输成本高。当今时代是微利时代，降低成本等同于挖潜增效。在贫困地区搭建扶贫物流平台，可以帮助贫困地区的企业、个体降低成本。贫困地区的企业和个体降低了成本，才能赚到更多钱，才能脱贫致富。

（5）帮助贫困地区的企业、个体找到合作伙伴，解决合作难题。

贫困地区之所以闭塞，是因为交通不便、信息匮乏。物流网的作用堪比互联网，它给贫困地区带来的是合作资源，而不仅仅是运输便利。物流连接着供应商、经销商、生产厂家、消费者，给贫困地区搭建扶贫物流平台，就能帮助贫困地区的企业、个体找到供应商、经销商、生产厂家、消费者。只有这样，贫困地区的企业和个体才能得到发展。

农行早已经进入物流领域，并且打造现代物流产业链。2014 年，人民网发布了一篇文章，题目叫《如皋农行助力打造现代物流产业链》，文章写道，在物流产业链的形成和完善过程中，如皋农行以切实服务地方经济转型发展的高度责任感和使命感，通过持续增加信贷有效投放，不断加大对交通基础设施建设和港口建设的支持力度，为物流产业在现代服务业中的支柱和领军作用的凸显和对地方经济贡献度的不断增加，发挥了积极的金融助推作用。如皋农行的金融助力作用，为如皋乃至苏中地区通往各地和世界的经济贸易架起了金桥。物流业已成为如皋现代服务业的一大支柱产业，如皋在长江经济带和沿海经济带物流节点城市的作用正进一步放大。①

此外，农行积极地在扶贫物流领域内进行布局。有一位农行行长说："在贫困地区投资物流产业链，打造扶贫物流平台，可以帮助贫困地区的企业和个人解决运输难题、仓储难题、资源难题、成本难题、合作难题等。只有帮助他们解决了'致贫'的难题，才能帮助他们脱贫致富。"

① 刘晓静. 如皋农行助力打造现代物流产业链[EB/OL].(2014-11-21)[2020-07-21]. http://yuqing.people.com.cn/n/2014/1121/c210117-26069827.html.

6. 扶贫资金平台

贫困地区的人们，最缺的是什么？缺钱。是啊，他们没有钱，因为没有钱才贫穷的。钱不能解决所有的问题，但是不能没有钱。当然，扶贫部门不能天天给贫困户发钱。想要“一劳永逸”地解决贫困问题，就要帮助贫困户掌握脱贫的技术，让他们自己去赚钱，然后钱再生钱。

扶贫资金是扶贫的基础和保证，没有资金，扶贫工作无法进行。对于一个贫困村而言，修路需要钱，改造落后的基础设施需要钱，给贫困户发放补贴需要钱……可以说，一切与扶贫相关的项目都需要钱。但通过国家下发的扶贫款进行扶贫，是远远不够的，这该怎么办？如果扶贫部门能够帮助贫困地区搭建扶贫资金平台，广泛吸纳社会慈善和公益扶贫资金，就能大大缓解扶贫资金压力，帮助贫困地区的贫困户脱贫。

2016 年，全国扶贫宣传教育中心主任黄承伟在答记者问中表示：怎么有效使用扶贫资金一直是我们扶贫开发，特别是现在打脱贫攻坚战的一个热点问题，也是社会最关注的问题，更是能不能打赢这场战争的一个最关键的核心问题。为解决长期以来资金使用碎片化等问题，提高使用精准度，中央对扶贫资金使用管理方式进行了改革。其中一项重要的改革措施，是要以县为基本的单位来整合各类扶贫资金和大部分涉农资金。建立扶贫资金平台，有四个主要目的。

（1）形成优势资金，形成办大事的力量。

现如今，扶贫资金的来源十分广泛，既有官方的，也有民间的。如果将这些资金集结在一起，就能形成“拳头效应”。五元钱只能办五元钱的事，五千元钱就能办五千元钱的事。官方扶贫资金与民间扶贫资金放在一起，如同支流汇集成干流。如今，许多贫困地区仍旧十分落后，需要花钱、甚至花大价钱办事的地方还有很多。形成优势资金，才能解决大问题。

（2）整合资源。

平台可以整合资源，除了官方的资源，还有银行、其他企业、个人等的资源。扶贫资金平台类似于慈善平台，用平台进行扶贫宣传，可以邀请更多的有志之士加入扶贫攻坚团队。扶贫资金平台整合的资源，绝非只有"资金"这一项，只要有利于扶贫攻坚的资源，都可以纳入里面。如果扶贫资金平台正常运行，就能对社会扶贫资源进行整合，以平台推动扶贫，并提升扶贫效果。

（3）将管理权下放，进行精准扶贫。

将整合后的平台管理权进行下放，可以把扶贫资金用到具体的扶贫项目上，对贫困地区进行精准扶贫。为什么要将扶贫资金平台的管理权下放呢？只有基层扶贫工作人员才了解贫困地区的现状，才能把扶贫款真正用在刀刃上，如某某户需要购买化肥和种子，某某村需要维修蓄水池，某某村需要挖掘水井……贫困地区最需要什么，扶贫资金就要到什么地方发挥作用。

（4）有利于社会监督。

扶贫资金平台是一个绿色的、公开的平台，打造一个阳光扶贫平台，更加有利于社会监督。在社会监督之下，扶贫部门开展扶贫工作将更加高效，扶贫款的支出也将更加精准。阳光的、高效的绿色扶贫资金平台将会极大推动扶贫工作的进行。

如今，农行也在打造绿色的扶贫资金平台，这个平台是一个公益平台，集结了社会上的优势资源，助力精准扶贫。《中国城乡金融报》介绍了这个平台："公益扶贫在农行"活动由农行总行机关发起，以扶贫为目标，以公益为宗旨，为全行各机构及员工搭建起一个人人可参与、人人可尽力的扶贫公益平台。作为平台的服务窗口，农行扶贫产品展示店也已经上线，展示店有多个功能，既展示并出售贫困地区的特色农产品，也开辟品牌营销渠道和义卖渠道，方便农行员工和平台会员购买。与此同时，农行继续加强和其他部门、企业、个人的合作力度，形成一个扶贫资源专项服务项目，提升扶贫的准度和精度，发挥农行的扶贫优势，帮助贫困地区打赢脱贫攻坚战。

第六节　农行扶贫事迹

1. 遵义农行驻村扶贫

遵义是革命老区，是红军曾经走过的地方。著名的遵义会议就是在遵义召开的。因此，遵义有不同寻常的意义。但是，遵义地处山区，仍旧还有一些地方没有脱贫。有一个银行人曾经说："遵义脱了贫，中国才能脱贫。"农行遵义分行在扶贫攻坚方面，积极发挥着自己的力量。如今，遵义的扶贫工作已经进入攻坚阶段。只要打赢这场脱贫攻坚战，就能彻底解决遵义贫困地区的问题。

2020 年 3 月，遵义正安县实现了贫困摘帽。2019 年，正安县完成地区生产总值 113.56 亿元，城镇居民人均可支配收入达 32023 元，农村居民人均可支配收入达 11322 元。2020 年 3 月 3 日，正安县在全省 16 个深度贫困县中率先实现脱贫摘帽，贫困人口全部清零，群众满意度达 99.22%。[①] 脱贫攻坚的路途上，少不了农行遵义分行的大力支持与付出。

---

① 张莉 . 农业银行遵义分行：勇担金融扶贫"主力军"助力脱贫攻坚［EB/OL］.（2020-05-29）［2020-07-21］. https://baijiahao.baidu.com/s?id=1668019125743284538 & wfr=spider & for=pc.

遵义市银保监分局党委书记、局长郁翔表示："冲刺 90 天打赢歼灭战"已进入倒计时，各金融及保险机构要进一步强化担当、主动作为，全力以赴提供更加优质的金融服务，助力全省按时高质量打赢脱贫攻坚战。作为响应扶贫政策的扶贫单位，农行遵义分行紧紧围绕着"两不愁、三保障"，大力发展"e 贷"产品，加大对贫困地区小微企业的扶贫力度，给予更好的金融服务，帮助它们成长，并以此带动周边发展。农行遵义分行行长陈国江说："农行作为这次'脱贫攻坚·金融担当'活动中正安工作队的领队单位，本着'强服务、战困难'的初心，勇担'助力脱贫攻坚'的使命，始终将金融扶贫工作作为全行服务'三农'的重点工作，这是政治责任，也是发展需要。"

农行遵义分行采取驻村扶贫的方式，直接委派扶贫干部进行扶贫帮扶，李某就是其中一位。李某是农行遵义分行派驻全国 832 贫困县——遵义务川仡佬族苗族自治县镇南村的第一书记，他来到这个村子进行扶贫，并规划了"扶贫职业生涯"，立志为村子的脱贫致富贡献一份力量。

李某是一个非常接地气的扶贫干部，任劳任怨，不怕辛苦，积极发扬共产党员的革命主义精神。在其驻村期间，农行给予村子极大的支持。其中，金融支持贵州务正道氧化铝项目贷款 7 亿元，筹集 13 万元为村子修建饮水池，出资 5 万元修建部分公路，出资 2 万元建设红苕加工厂，而且多次给贫困家庭的儿童购买文具。李某先后走访镇南村贫困户 968 人次，长期走访村中的孤寡老人、伤残人士，大力推动现代种植产业，其中帮助村民推广种植青椒、花椒、构树、红苕等，协调县住建局对村子基础设施进行维修和建设，提升了村容村貌，优化了村中环境。

如今的镇南村已经发生了翻天覆地的变化，水泥路宽敞，河水清澈，房屋错落有致，人们的物质生活和精神生活有了明显改善。记者来到这里，发现人们的笑声多了，哀怨声少了。正如村民所说：路修好了，房子建起来了，产业发展起来了，农民的腰包也鼓起来了……多亏我们的好书记，今天的幸福生活离不开党和国家的好政策，更离不开他对我们的帮助，想群众之所想，急群众之所急在他身上体现得淋漓尽致。

驻村扶贫第一书记表示：如今，村子里的扶贫攻坚工作正在验收期，产业项目也在顺利推进中，接下来就是开展查漏补缺工作，确保脱贫工作不漏一户、不落下一人。在农业银行的大力支持下，相信镇南村的村民会生活得更好、更富裕、更幸福。

有人说："你离群众有多近，群众与你就有多亲。"驻村帮扶，既能了解贫困村的实际情况，通过走访调查，找到扶贫攻坚的"入口"，采取有针对性的、精准的扶贫策略；又能"以心换心"，将贫困村的贫困户拉进扶贫攻坚的"大本营"，不让任何一个贫困户在脱贫路上掉队。由此可见，农行遵义分行的驻村扶贫经验值得广大银行学习。

2. 安顺农行的"用心、用情、用力"扶贫

农行在扶贫方面，可谓处处闪光。在贵州，农行安顺分行的扶贫工作，可以说体现了"用心、用情、用力"。当代先锋网发布了一篇《用心扶贫　传递真情——农行安顺分行支持贫困户发展特色产业

脱贫致富》的文章。

文章指出：农业银行安顺分行充分利用农行的精准扶贫政策和金融产品优势，秉承“用心、用情、用力”的扶贫理念，主动向当地党委政府汇报沟通，加强政银合作，共同扶持优势产业、特色产业做大做强，支持贫困户发展特色产业脱贫致富。截至2017年12月，农业银行安顺分行已累计发放“惠农脱贫贷”3.5亿元，其中，在平坝区发放2亿元，实现9个乡镇81个行政村全覆盖，已有313户农户享受到2017年的100万元现金分红。在关岭布依族苗族自治县发放1.54亿元，实现12个乡镇全覆盖，已有1450户农户享受到2017年362万元的现金分红。[①]

根据上面的数据，我们可以看出农行安顺分行在扶贫方面取得了巨大的成功。那么农行安顺分行在脱贫攻坚战中是如何取得这些成果的呢？

（1）成立扶贫突击队。

俗话说：“狭路相逢勇者胜。”想要打赢脱贫攻坚战，不仅需要强大的意志力和工作精神，还需要一支敢于冲锋在前的扶贫突击队。为了打赢脱贫攻坚战，农行安顺分行成立了扶贫突击队，除了日常工作时间，队员还利用节假日加班加点，收集并录入农户资料。

农行安顺分行行长表示：为让广大群众了解国家扶贫政策和农行金融扶贫服务，农行业务骨干与政府工作人员一起深入乡镇、村寨，向村民详细讲解“惠农脱贫贷”和政府扶贫政策，现场为群众答疑解惑，真诚为困难群众解决问题，用真情赢得群众信任，激发

① 汪晔．用心扶贫 传递真情——农行安顺分行支持贫困户发展特色产业脱贫致富［EB/OL］．（2017-12-08）［2020-07-22］．http://www.ddcpc.cn/2017/jr_1208/115227.html.

贫困农户创业致富热情。

除此之外，农行安顺分行发起了捐款捐物的活动。紫云苗族布依族自治县大营镇和镇宁布依族苗族自治县简嘎乡是贫困地区，给贫困地区的人们捐款捐物可直接缓解他们的贫困状况。经过详细了解和调查，农行安顺分行根据贫困户的需求，有针对性地进行了捐助。最后，农行安顺分行干部、员工向贫困户捐助米、面、油、衣服等生活用品，向每户发放救助金数百元。这样的捐助行动令当地贫困家庭感动，其与农行安顺分行建立起深厚的情谊。

（2）支持特色产业。

贫困地区也有自己的资源，如果将其特色资源挖掘出来，就会产生巨大的经济效益和社会效益。农行安顺分行为了支持扶贫特色产业的发展，成立项目研究班子，去贫困地区进行项目研究和对接，共同研究当地的特色产业，择优重点支持食用菌、中草药、生猪养殖、肉牛养殖等产业。

其中，安顺当地品种关岭牛是全国优良的肉牛品种，如果大力支持关岭牛养殖产业，将会助力贫困地区脱贫。农行安顺分行行长表示：关岭牛是全国闻名的地方优良品种，体躯结实匀称，内质细嫩，市场前景较好，是关岭布依族苗族自治县政府大力扶持的农业特色产业。看准这点后，农行安顺分行加大对该产业的金融支持，已累计发放 6275 万元“惠农脱贫贷”支持关岭牛产业发展，覆盖 8 个深度贫困村 639 户贫困农户，覆盖全县 22.86% 的深度贫困村。为支持关岭牛产业做大做强，增强整个产业的带动效应，农行安顺分行通过 1500 万元“惠农脱贫贷”支持关岭建设关岭牛育种场，现在已部分建成投入使用，对全县的关岭牛产业发展起到了积极推动作用。

（3）巩固扶贫成果，防止返贫。

如果扶贫成果得不到巩固，脱贫地区极有可能会返贫。疫情下的扶贫，比以往的扶贫更难。因此，更需要扶贫部门同心同力，做好扶贫成果的巩固工作。俗话说："打江山易，守江山难。"如何才能巩固扶贫成果，防止返贫呢？

农行安顺分行行长介绍了他们的经验："利用农行'三农'金融产品和服务的独特优势，在精准脱贫上主动作为、大胆探索。成功探索运用'金融 + 政府扶贫平台公司 + 合作社 + 农户'的扶贫模式，让贫困户养殖关岭牛更加规模化、产业化、集约化……在扶持关岭牛产业发展中，合作社养牛小组由 2 户养殖能手和 3 户贫困户组成，养殖能手帮助贫困户提升养牛技术，增强贫困户脱贫的内生动力。"

如今，农行安顺分行继续进行扶贫攻坚工作，并且真正在扶贫工作中体现了"用心、用情、用力"。农行安顺分行的工作人员继续用农行人的热情和智慧，奋战在扶贫一线上。

3. 遵义赤水"金融活水"扶贫

许多人都知道赤水这个地方，这是红军长征走过的地方，在这里有"四渡赤水"的故事。赤水交通不便，许多地方没有脱贫。为了帮助革命老区脱贫，农行站了出来，农行赤水支行采取了"金融活水"的策略，扶植赤水当地的特色产业。

赤水当地最有名的产业是石斛产业，许多乡村都有种植石斛的经验。与此同时，赤水当地在大力推广花卉种植、食用菌种植、冷水鱼养殖等产业。《贵州日报》曾经刊发了一篇名为《赤水：“金融活水”浇灌脱贫产业“致富花”》的文章，文章写道：赤水市是全国金钗石斛种植面积最大、鲜品产量最多、农户参与度最高的产业基地。全市种植面积达 9 万亩，年销售石斛花、鲜枝条、幼苗等综合收益 10 亿元，农户 43442 人参与金钗石斛产业发展，人均年收入 7000 余元。① 农行赤水支行帮助贫困地区进一步扩大石斛的种植面积，用金融扶贫的方式直接参与石斛产业。

石斛种植大户温某是赤水有名的“直播带货达人”，他是当地早期石斛种植户之一。几年前，温某看到了石斛市场的商机，然后租种了十几亩石斛。另外，温某雇用了 5 个贫困户，既能帮助他们摆脱贫困，也建立了属于自己的“石斛王国”。如今，温某的石斛种植基地拥有石斛 80 万株，年收入 60 余万元，他所打造的以“种植、观赏、娱乐”为主体的综合平台正逐渐完善。

温某拥有的这一切，同样离不开农行的帮助与支持。温某表示：石斛经济价值高，从花到根部都是宝。2020 年，受疫情影响，买苗扩园、雇工采摘、租金支付等费用让我快要“揭不开锅”了。如果没有农行这 30 万元贷款，我就不能有这么好的收成，这一切得益于国家的好政策啊。

① 张莉，蹇广宏．赤水：“金融活水”浇灌脱贫产业“致富花”［EB/OL］.（2020-05-18）［2020-07-22］. https://baijiahao.baidu.com/s?id=1667026641848361068&wfr=spider&for=pc.

除了向个人提供惠农金融服务，农行赤水支行还向企业提供“金融活水”贷款。赤水市信天中药产业开发有限公司是赤水当地的一家龙头企业。扶植龙头企业，让龙头企业带动贫困地区脱贫，是农行的扶贫策略之一。《赤水：“金融活水”浇灌脱贫产业“致富花”》指出，从创业到发展壮大，农行贵州遵义赤水支行先后向该公司注入信贷资金 1410 万元，助力公司将金钗石斛产业打造成为赤水市“四大支柱产业”之一。疫情期间，赤水支行通过实地走访调查，根据企业的生产经营情况，投放了贷款 650 万元解企业的燃眉之急。该行累计投放小微企业贷款 3906 万元，涉及农业、制造业等，较 2020 年年初增加 1450 万元。①

“金融活水”到底是什么呢？“金融活水”是银行提供的一种信贷服务，这种服务体现了利息低、门槛低、放款及时等特点。疫情期间，在支援产业建设方面，农行提供的“金融活水”服务起到了巨大的推动作用。湖北荆州的一家防疫物资生产企业想要扩大产能，在缺乏资金的情况下，农行伸出了援助之手。这家企业的副总经理说：“按照国家需求，新项目必须两个月之内落地，这笔贷款解了公司的燃眉之急，不仅利率低、放款速度快，而且有担保公司免费担保。”

很多银行都采取了类似的扶贫方式对贫困地区、贫困户进行精准扶贫。在这些参与扶贫的银行里，农行是最为突出的一个。农行赤水支行工作人员介绍：“让普惠金融的‘活水’注入小微企业，是农行赤水支行一直以来坚持的责任和担当，农行在保障信贷投放速度与质量的同时，及时输送优质的金融服务，以金融力量助力赤水

① 张莉，蹇广宏．赤水：“金融活水”浇灌脱贫产业“致富花”［EB/OL］.（2020-05-18）［2020-07-22］. https://baijiahao.baidu.com/s?id=1667026641848361068&wfr=spider&for=pc.

快速恢复经济发展活力。”

赤水在农行的“金融活水”扶贫之下，已经发生了变化。人们来到赤水乡间，就能看到大片大片的农业种植园，美丽的石斛花从满山的丹霞石上长出，吸引着大量的外地游客前来游玩。与此同时，农行赤水支行助力赤水旅游业，以旅游带动扶贫，打造赤水特色旅游产业。截止到2020年5月18日，农行赤水支行金融精准扶贫贷款余额6.02亿元，2020年已投放4000万元，累计带动服务贫困人口18920人，较年初增加11363人；全行普惠贷款余额1.2亿元，2020年已投放5500万元，带动解决贫困户742人就业。

4. 贵州农行摘掉多县贫困帽

摘掉贫困帽并不是一件容易的事情，不同的地区要根据实际情况采取不同的有针对性的脱贫手段。有人把贫困县形容成病人，贫困让这些县患有“慢性病”，而这些“慢性病”是非常难以治疗的。贵州农行是扶贫的急先锋，也是扶贫的重要推动力量，在治疗贫困县的“贫困病”方面，有自己独到的“治疗手段”。

据相关媒体报道：2020年3月3日，贵州省政府宣布黄平县正式脱贫出列。在此之前，重庆秀山县，河北饶阳县、武强县已脱贫摘帽。至此，中国农业银行定点扶贫的4个国家级贫困县已全部脱贫出列。

虽然这四个都是贫困县，但是每一个县都有着不同的致贫因素。如果把农业银行看作一名医生，这名医生是通过大量的“临床诊断”经验的积累，才掌握了更高明、更有效的“扶贫医术”。现如今，农行是扶贫的重要金融力量，手里握着一把锋利的“手术刀”。贵州贫困县较多，这也给农行的“扶贫诊疗”提供了实践机会。事实上，早在2004年，农行就已经启动了“扶贫计划”，对“三农”地区进行有计划的帮扶。

2004年，人民网发布的一篇文章写道，2003年，贵州省农行系统累计发放扶贫贷款17.9亿元。其中，发放扶贫贴息贷款16.3亿元，获中央财政贴息6731万元，发放小额扶贫贷款1.8亿元，支持17万户贫困农户摆脱贫困，发放扶贫贷款量、获得中央财政贴息连续两年居全国农行系统第一。贵州省农行系统成立了“专门机构、专人管理、专用账户、专项核算”的扶贫工作组织体系，完善信贷扶贫工作组织领导机制，充分发挥扶贫贷款拉动经济增长的功能。按照“贷得出，收得回，有效益”的原则，信贷扶贫资金重点投向贫困地区路、水、电等基础设施，已发放贷款13.8亿元，支持62个县供水改造项目，贫困县小水电项目25个，小城镇建设、贫困县医院、学校建设项目103个。①

从上面这组数据看，贵州农行有着丰富的扶贫经验，而且掌握了一套自己的扶贫体系，始终坚持“贷得出，收得回，有效益”的原则。俗话说：“贷款容易，回款难，有效益更难。”虽然扶贫是一项公益事业，但它是一种投资未来的方式和手段。农行参考了先公益后生意和先栽树后结果扶贫模式，这恰恰是“贷得出，收得回，有效益”的体现。贵州农行的扶贫传统一直在传承，并且在不断发扬。

2020年6月初，贵州农行响应多彩贵州促消费百日专项活动，开展“‘农’情四溢·总有你我”的直播带货活动，活动涉及贵州

① 汪志球.贵州农行扶贫贷款17.9亿元让17万户农民脱贫[EB/OL].(2004-02-12)[2020-07-22].http://news.sohu.com/2004/02/12/18/news219041812.shtml.

五县的特色产品，有“光头麦”面条、从江小香鸡、威宁荞麦饼干、沿河糯米包子、赫章乌天麻、纳雍红托竹荪等。

这次带货直播活动也是两场大型的“直播带货秀”。如今，直播带货是一种新颖的、高效的、直接的营销手段，一场成功的“直播带货秀”甚至能产生上亿成交额。贵州农行瞅准了这样的机遇，于2020年6月5日和6月21日在抖音、快手、爱逛等平台进行直播。第一场直播时长为150分钟，涉及20种产品；第二场直播时长为120分钟，涉及16种产品。两场直播一共涉及36种特色产品，这36种产品分别来自贵州的9个贫困县，每个贫困县有4种特色产品。贵州一家龙头企业负责人对农行搭建的直播平台表达了感激之情，他表示：农行贵州分行不仅为我们的产品提供了一个良好的展示平台，还为我们带来了许多订单，全国各地都有客户在线上购买我们的产品，线下联系我们进行批量采购。我们通过农行扶贫商城平台达成的总销售额就有39.89万元，是2019年同渠道销售总额的60倍。我们帮扶带动的4个乡镇711户3668个贫困户无一出现因疫情致贫、返贫的情况。

贵州农行的金融服务已经遍布整个贵州省，金融扶贫措施已经在许多贫困地区发光，不管是“金融活水”，还是“龙头企业扶植”，抑或“电商扶贫”，都取得了很好的扶贫业绩，帮助多个贫困县脱贫。相信不久的将来，在农行的参与下，将有更多的贫困县脱贫致富。

5. 云南农行“五个精准”扶贫

云南也是我国贫困县比较多、比较集中的省份，许多贫困县地处高原、山区，交通不便，致贫原因与贵州、四川、广西等地相似。但是，云南同时是一个风景秀丽、物产丰富的省份。只要提到云南，许多人就会想到“云南十八怪”。云南是滇药的主产地，盛产各种中药材；云南的普洱茶和滇红茶享誉世界，云南的野生菌资源也极其丰富；云南的旅游资源也是独具特色的，世界级的旅游景点举不胜举。如果扶贫部门把握好时代的脉搏，挖掘云南贫困地区的资源潜力，就能帮助贫困地区脱贫。

在扶贫方面，农行一直走在前列。农行云南分行采取了“五个精准”扶贫策略，非常值得其他银行学习和实践。

（1）精准投放。

扶贫资金的投放是一门学问，投对了地方，钱才能发挥作用；投错了地方，钱极有可能打了水漂。精准投放，需要扶贫部门的工作人员深入贫困地区进行调查，了解相关企业、个人的实际需求，按照需求进行有计划投放。投放的时候，还要取得“授信”，再进行安全投放。就像前面章节提到的，扶贫资金是有限的，要发挥“花小钱办大事”的精神，让每一分钱都能在扶贫中起到作用。农行云南分行在扶贫方面给其他银行提供了范本，只有做好扶贫资金的精准投放，才能让资金起到真正的扶贫作用。

（2）精准助产。

产业兴，老百姓才能有钱赚。产业扶贫是“雷打不动”的，这也是农行云南分行长期以来坚持的扶贫方式。产业是“造血器官”，大力扶植、精准助产，才能给贫困地区造血。如果说，精准投放是为了治标，精准助产则意味着治本。只有标本兼治，才能治愈贫困地区的“贫困病”。农行云南分行充分利用云南各地的地域特点、文化特点和资源特点，深入挖掘当地的“产业潜能”，将“产业潜能”释放出来，并转化为产值。在精准助产方面，农行的“惠农e贷”起到了巨大的推动作用。

（3）精准服务。

众所周知，农行在服务“三农”方面极具优势和特色，在扶贫方面，农行云南分行向广大用户提供了一种特色的、人性化的精准服务。精准服务是“件件有回音、事事有着落”的体现。精准服务是一种“一对一”的服务，直接对接到贫困家庭。贫困户需要什么，农行尽量满足。贫困户有什么困难，农行就根据实际情况，尽可能帮助他们解决困难。有人问：“如果困难解决不了该怎么办？”农行也会与其他部门进行对接，联合其他部门、组织对贫困户进行精准服务，从而帮助贫困户摆脱贫困。

（4）精准产品。

银行的扶贫方式，主要以金融扶贫为主。农行云南分行为了打赢脱贫攻坚战，根据不同的区域、不同的人群设计金融扶贫产品。比如，针对茶农的“茶农贷”，针对咖啡种植户的“咖啡贷”，针对芒果种植户的“芒果贷”等，不同的扶贫金融产品可精确助力贫困户和贫困地区的企业。另外，农行云南分行有针对性地推出了农村青年创业小额贷款、农村危房改造贷款、准公益性小水电贷款、烟农订单融资贷款等，这些特色金融产品有强大的功能性和精准性。与此同时，农行云南分行不断升级、研发扶贫金融产品，给贫困地区提供更好的金融服务。

（5）精准改善。

贫困地区的“贫困”是全方位的，除了人们的物质生活，还有许多方面需要改善。农行的一位扶贫工作人员说："只有全方位地改善贫困地区的民生，才能真正帮助贫困地区的人们脱贫。"农行云南分行采取驻村扶贫的方式，了解贫困村现状，帮助贫困村改善交通、教育、医疗、居住环境……总之，农行云南分行做到了精准改善。只有把需要改善的地方改善了，贫困地区的环境才能得到改善。精准改善的扶贫策略也特别值得其他、扶贫组织学习和借鉴，相信用精准改善可以全面提升贫困地区人们的生活质量。

除此之外，农行云南分行在助力贫困地区的小微企业方面，做出了极大贡献。精准助力贫困地区的小微企业，能激活贫困地区的经济，让小微企业带动并引领产业发展，带领广大贫困户脱贫。

6. 内蒙古农行聚焦"农牧区"一公里

除了山区，我国的牧区也有贫困县、贫困乡镇、贫困村。牧区的家庭，收入来源非常单一，除了放牧，几乎没有其他收入来源。曾经有朋友说："牧民家庭的收入与牛羊数量有关，家中牛羊多，收入就高；家中牛羊少，收入就少……"在内蒙古牧区，还有一些地方没有脱贫。而且牧区地广人稀，金融机构少，金融服务不到位，牧区的人民想要寻求金融服务是相对困难的一件事。为了解决这样的问题，农行内蒙古分行自 2019 年以来，创新实施"千乡千队、万村百亿"的扶贫专项活动，组织 300 多支扶贫队伍进入牧区，对牧区内的贫困户进行专项扶贫，通过利率优惠和"见贷即保"的担保模式，解决了牧区存在的金融方面的问题。

农行科尔沁右翼中旗支行坚持“牧区扶贫一公里”的思路，对区域内的贫困户进行精准扶贫。聂某是科尔沁右翼中旗的村民，他也是牧区的种粮大户，种植了600亩水稻。到了施肥的季节，聂某非常着急。由于贫困，他拿不出购买化肥的钱。因此，他开始跑银行，跑了许多银行，也没有跑下贷款。

就在这个时候，农行科尔沁右翼中旗支行来到牧区服务，帮助聂某解决了资金难题。聂某表示自己很快就拿到了20万元贷款。除了放贷快，更重要的是农行与内蒙古农牧业融资担保公司协作，由后者提供担保，自己无须单独去找担保公司。

聂某提到的“担保”二字，也是能否拿到贷款的关键所在。许多时候，人们无法拿到贷款，原因在于没有人或者部门为他们提供担保。如果没有担保，人们也就无法贷款。通常来讲，担保方式有两种：财产抵押担保和担保公司（担保人）提供担保。对于牧区的贫困户而言，寻找担保是非常困难的。农行科尔沁右翼中旗支行发现了这样的问题，于是创新了担保模式，即上面我们提到的“见贷即保”担保模式。《经济参考报》上的文章《聚集农牧区　内蒙古多举措打通金融扶贫“最后一公里”》指出：“见贷即保”模式指由农行内蒙古分行与内蒙古农牧业融资担保公司签订最高额保证担保合同，约定合同项下单户贷款额在10万元至50万元的种养大户、专业合作社等新型经营主体，由后者直接提供批量担保，农牧民不用再提供反担保。农行帮助农牧民解决了担保问题，像聂某这样的农牧民就可以贷款购买化肥，或者购买牛羊等，扩展生产规模。

为什么农行科尔沁右翼中旗支行要开展“服务一公里”的金融

扶贫专项行动呢？牧区地广人稀，很多家庭以“散状”居住在草原上，银行金融网点覆盖率低。《经济参考报》给出一组数据：2018 年年末，内蒙古各乡镇除了有农村信用社系统的网点，其他银行的网点很少，居前两位的邮政储蓄银行和农行网点覆盖率分别为 25.57% 和 5.46%，其他银行几乎没有乡镇网点。农行科尔沁右翼中旗支行的“服务一公里”行动满足了农牧民的金融需求，而这项活动也将会持续下去。

解决了农牧民的信贷担保问题，还有一个问题不得不提：贷款利息高。我国部分贫困地区，深受民间信贷的不良影响。民间信贷通常利息很高，只要误入民间信贷陷阱，就会给自己带来巨大的麻烦。还有一些正规的金融企业能给予贷款，但是贷款门槛高，贷款利息也高，给尚未脱贫的农牧民带来较大的利息偿还负担。《经济参考报》提供了一组数据：内蒙古农牧区贷款的综合成本一般在 9% 至 12%，由于贷款难，部分地区高利贷仍时有出现。赤峰市巴林左旗汪安池嘎查是当地有名的养牛大村，村民资金需求旺，民间借贷利率最高时一度超过 30%。

农行内蒙古分行为了帮助农牧民减负，采取“优惠利率”，将贷款的综合成本降到 6% 以下。如果一名农牧民贷款 10 万元，每年仅利息一项就节省了近 5000 元。这对一个贫困家庭而言，是非常可观的，能够解决许多问题。此外，《经济参考报》介绍：农行内蒙古分行进一步降低担保费用，通过与担保公司规模合作，使专项行动贷款的担保费率降为 0.8%，有扶贫带动作用的大户、合作社的贷款担保费率再打 5 折。

农行内蒙古分行的金融扶贫取得了成功，其通过多项举措打通了金融扶贫“最后一公里”。农行内蒙古分行的扶贫方式非常值得其他银行学习和尝试。

7. 四川农行“拔穷根”模式

有人说：“穷根不拔，将会一直受穷。”有些地方扶贫，只是采取“撒钱”的方式。听说某某没有钱吃饭了，直接给钱。但是，钱总有花完的时候。钱花完了，又该怎么办？继续给钱吗？

在我看来，扶贫包含无偿捐助的元素，但是考虑收益。银行扶贫，放出去的贷款并不是银行自己的钱，而是广大客户的钱。银行既要确保客户的收益，还要帮助急需脱贫的人。

早在几年前，农行便开展了“拔穷根式”的扶贫，并且在四川率先实施这种扶贫模式。2015 年，中国农业银行发表了一篇文章，文章名字叫《农行四川分行精准扶贫助力四大特困片区“拔穷根”》，文章指出：2011 年，《四川省农村扶贫开发纲要（2011—2020 年）》出台，将国家和省确定的秦巴山区、乌蒙山区、大小凉山彝区、高原藏区“四大片区”作为全省扶贫攻坚主战场。四川扶贫开发，农行功不可没。截至 2014 年年末，农行四川分行在全省 88 个扶贫开发工作重点县（区）的贷款余额达 765 亿元，较年初增加 77 亿元。2015 年 1—5 月，该行对 60 个国家级重点贫困县贷款余额净增 20.33 亿元。[①]

农行四川分行制订了《关于加强集中连片特困地区金融服务工

① 中国农业银行. 农行四川分行精准扶贫助力四大特困片区“拔穷根”[EB/OL].(2015-07-21)[2020-07-22]. http://www.95599.cn/cn/AboutABC/CSR/SRPractice/201507/t20150721_807874.htm.

作的实施意见》和《关于做好集中连片特困地区农户金融服务工作的意见》，只是为了帮助贫困地区“拔穷根”。“拔穷根”有“拔穷根”的办法，农行四川分行采取了四种措施帮助贫困地区“拔穷根”。

（1）精准施策。

策略对了，问题就会迎刃而解；策略不对，问题也就无法解决。农行四川分行采取了“四新”扶贫策略，即与政府共搭扶贫新平台、共探扶贫新模式、共创扶贫新品牌和共商扶贫新规划。

① 共搭扶贫新平台：搭建各种各样的扶贫平台对扶贫有积极的推动作用。

② 共探扶贫新模式：传统的扶贫模式可能存在这样或者那样的问题，只有创新扶贫模式，才能提升扶贫效果。

③ 共创扶贫新品牌：只有把扶贫当作事业去做，才能共创扶贫品牌。把扶贫做成一张名片，对整个四川省的发展有促进作用。

④ 共商扶贫新规划：不同的时代需要不同的规划，现在和五年前完全不同，时代在变，扶贫规划也要变。

（2）精准输血。

花钱容易，但把钱花出效果就很难。因此，强调精准输血，就是强调花钱的效果。农行四川分行采取了精准输血式扶贫，以输血的方式助力地方龙头企业，让龙头企业带领周边地区的贫困人口脱贫。四川兆润是一家知名企业，该公司的总经理说：“我们兆润集团通过招商引资落户平昌，农业银行迅速贷款 1.6 亿元，支持年产 40 万辆摩托车和 60 万台发动机的项目。我们以兆润摩托为龙头，打造 100 亿元摩配制造产业园，已有 30 余家企业有意向入园。”四川兆润项目可以直接提供新增岗位 2000 多个，带动新增关联岗位 5000

多个，既解决了周边人口的就业问题，也解决了周边贫困人口的脱贫难题。

（3）精准扶植。

所谓精准扶植，就是一对一扶贫。农行了解贫困地区贫困户的实际情况，然后给予精准扶植。甘孜县斯俄乡二村某村民是个奶牛养殖户，他就得到了农行的精准扶植。他说："农行自助循环贷真好用，我家5年来使用循环贷款23万元，买了奶牛和收割机后，每年增收5000余元，生活越来越有奔头。"另一个村民说："我家里有6口人，以前只有靠种点蔬菜来补贴家里。之前农行给我批了3万元的农户小额贷款，我把家里的房子装修了一下，做起了旅游民宿生意，现在每年单靠民宿就收入2万元左右，我的生活一天天好起来了。"

（4）精准普惠。

给"三农"地区带来普惠金融服务，一直是农行坚持的事业。精准普惠，强调金融普惠的对象——贫困户。农行四川分行推出了"银讯通"平台，贫困地区的老百姓可借助这个平台直接办理新农保、新农合、农业补贴、水电费等支付结算业务。

农行四川分行通过以上四种精准扶贫措施帮助贫困地区拔除了穷根，并取得了扶贫硕果。

8. 湖南农行"电商扶贫"

如今，许多年轻人都在做电商。电商门槛低，见效快。只要你懂一点网络运营知识，就能将商品卖到全国各地。正因为如此，许多人选择电商，通过电商发展自己的事业。

新华网发布了一篇文章，文章名字叫《流量里的生意经——电商扶贫开辟致富新路径》。文章中的杜某是一个“90后”电商从业者，他通过电商，经营自己的苹果生意。文章指出，面前一部手机，身后是成片的果园，“90后”杜某手里拿着一个苹果，从介绍采摘、装箱、发货情况，到庄浪县的风土人情，有时和观众调侃几句，有时和身后的果农打个招呼，3个多小时的直播，订单从五湖四海飞来。①

这就是典型的直播带货，它是当下极流行的电商营销模式。杜某表示：每年9月到11月，苹果大面积成熟的时候，几乎每天都要直播，从早上9点播到晚上8点，一场直播下来口干舌燥，嗓子都快说不出话了。现在主要以线上销售为主，2019年自己通过直播的方式销售了20多万斤苹果，是过去线上销量的2倍。

如今，杜某所在的甘肃省平凉市庄浪县里从事电商生意的年轻人有很多。庄浪县为了扶植电商产业，专门筹建了电商产业园。由此可见，小小电商也可以带领贫困地区的人们脱贫致富。如果银行助力贫困地区发展电商生意，会不会有更好的扶贫效果呢？在这里，不得不提农行湖南分行的“电商扶贫”成功案例。

人民网报道了一个扶贫故事，扶贫故事的主人公黄老板在农行湖南分行的帮助下，创建了自己的“电商帝国”，不仅自己发了财，而且带领周边乡亲一起致富。黄老板说：“农行湖南分行网上扶贫商城客户量多、覆盖面广、推广力度大，为我们深度贫困县特色农产品走出深山提供了一条新的销售渠道，尤其是农行主动给予补贴，

① 栗雅婷. 流量里的生意经——电商扶贫开辟致富新路径[EB/OL].(2020-06-25)[2020-07-22]. http://www.xinhuanet.com/2020-06/25/c_1126160377.htm.

起到很好的促销作用，帮助我们解决了产品滞销的问题。”那么，农行湖南分行如何提供帮助呢？

农行湖南分行为落实农行总行的扶贫攻坚倾斜政策，选择了湖南凤凰、湘西等 11 个贫困县中的 13 家特色企业，对每个企业补贴 8 万元，并且联合开展电商活动，帮助贫困地区的人们营销商品。该活动直接带动 1.9 万贫困人口脱贫。

农行湖南分行又是如何帮助黄老板这样的脱贫带头人呢？黄老板的公司主要生产和销售土鸡蛋、蜂蜜、莓茶等特色农产品。不得不提的是，黄老板的公司与 1000 多个建档立卡的贫困户达成了合作关系。只要黄老板赚到了钱，1000 多个建档立卡的贫困户也会赚到钱，甚至脱贫致富。

2019 年 4 月，农行湖南分行的工作人员直接找到黄老板，并邀请黄老板的公司加入“网上扶贫商城”。2019 年 5 月 24 日，黄老板公司的土鸡蛋等产品正式上架，当天就有上海的客户下单购买；随后，北京的客户购买了 2.1 万元的蜂蜜……之后的一个月，黄老板的公司通过农行的“网上扶贫商城”一共销售 680 笔共计 1710 件产品，销售收入 8 万余元。由此可见，农行湖南分行的“电商扶贫”效果非常“给力”。

另外，农行湖南分行在扶植电商产业的同时，扶植电商背后的特色农业项目。为此，农行湖南分行成立了扶贫开发金融部，贫困县农行支行建立扶贫攻坚小组，对贫困县内的贫困村、贫困户进行直接帮扶。

许多农户通过“水果贷”发展了水果产业，其中有个果农说：“今年的水果长势好，除了老天爷帮忙，还得感谢农行的‘及时雨’，从申请到发放，10万元信用贷款1个小时搞定。”拿到10万元贷款，该果农的水果种植产业将会进一步扩大。另外，当地有100多名果农通过“水果贷”拿到了贷款，扩大了自己的果园种植面积。这些果农，将水果一部分出售给电商或者批发公司，另一部分通过农行的“网上扶贫商城”进行直接售卖。

“电商扶贫”是一种高效、精准的扶贫手段，农行湖南分行用实践证明了该扶贫手段的有效性，同时给其他银行提供了扶贫的新思路。

9. 湖北农行脱贫“四大行动”

湖北有许多革命老区，其中比较有名的有英山县。但是英山县也是湖北比较有代表性的贫困县，地处山区，交通不便。随着近几年的发展，交通有了改善，老区人民的贫困状况似乎也有了缓解之势……农行湖北分行始终关注老区人民的动态，并且本着“围绕扶贫抓党建，抓好党建促扶贫，检验党建看脱贫”的理念，对英山县进行精准扶贫。《湖北日报》曾报道，英山县是国家级贫困县，英山红山镇乌云山村拥有全国第一个茶叶主题公园，农行湖北分行办公室党支部党员自行开展了购买茶叶、粉丝、黄花菜等土特产的消费扶贫义买活动。产品要有销售渠道，须在贫困地区和消费市场之间架起桥梁。该支部在学习精准扶贫政策的同时，展开“头脑风暴”，结合农行现有的“茶农贷”等扶贫信贷产品，“惠农商城”等线上平台，为拓宽乌云山村产品销售渠道出谋划策。[①]

① 张阳春，蔡瑰，关梅．湖北农行推进“党建＋脱贫攻坚”新模式［EB/OL］.（2019-07-19）［2020-07-22］. http://www.hubei.gov.cn/zwgk/rdgz/rdgzqb/201907/t20190719_1403130.shtml.

事实上，农行湖北分行经常举办这样的扶贫活动，通过活动实现三个目标：第一，拉近与贫困地区老百姓的距离，建立深厚的感情，扶贫工作需建立在“感情”的基础上；第二，通过活动的方式直接帮助贫困户脱贫，虽然一次活动的“能量”很有限，但扶贫活动持续举办，就会产生叠加效果；第三，通过活动的方式激活贫困地区的产业，以产业带动扶贫。

农行湖北分行在扶贫攻坚方面，开展了“四大行动”，并取得了巨大成功。

（1）信贷扶贫“造血”行动。

“输血”不如“造血”，“授之以鱼不如授之以渔”……这些虽然是老生常谈，却是实实在在的真理。如果银行能够帮贫困地区的人们“造血”，贫困地区的人们也将完成“自救”。农行湖北分行就是这么做的，其通过全额保障信贷规模、建立信贷业务，并且开辟绿色审批通道，提高办理信贷业务的效率。据荆楚扶贫网报道，（农行）连续三年每年为 9 家深度贫困县支行新增贷款不低于 20 亿元，其中精准扶贫贷款新增 10 亿元，且贷款增速快于全行贷款增速。①

通过上面这些数字，我们可以看到农行湖北分行的信贷扶贫力度，扶贫信贷款将直接运用到扶贫产业项目，并产生巨大的扶贫作用。

（2）网络扶贫“延伸”行动。

网络扶贫是怎么一回事呢？农行湖北分行通过互联网技术，搭建功能齐全的互联网平台，这个平台有丰富的应用场景，还有网上

---

① 长江云 . 农行湖北分行：为 9 个深度贫困县“造血” 精准对接超 90 亿元信贷扶贫项目[EB/OL].（2019-04-12）[2020-07-23]. http://hbfp.cnhubei.com/2019/0412/408891.shtml.

商城功能和其他服务功能，并且搭建起“线上—线下”互联网扶贫通道，而网络扶贫已经全面覆盖整个湖北省，也包括所有的贫困区。据荆楚扶贫网报道，9家深度贫困县支行农行掌银活跃客户达到10万户。每个深度贫困县支行至少打造1个互联网产业链场景商户示范模式，以及1个互联网惠农圈场景商户示范模式。[①]

（3）消费扶贫“搭桥”行动。

有人问：“消费也能扶贫吗？”消费扶贫，并不是让贫困地区的贫困户消费，而是让贫困地区之外的消费者购买贫困地区的商品，帮助贫困户脱贫。一方面，农行湖北分行加大了网上商城的建设力度，帮助贫困地区的人们加入农行电商平台。另一方面，农行湖北分行鼓励员工去贫困地区采购，或者从扶贫商城购买产品，或者帮助贫困户营销……如今，曾经的湖北深度贫困地区有了自己的特色产业链，并且建立起“营销渠道”，把当地的特色产品卖到了全国。

（4）产品扶贫“助力”行动。

关于扶贫，我们提到较多的一个词是“产业扶贫”。只有在贫困地区建设有发展前景的产业，才能从根本上拔除穷根。农行湖北分行也是这样做的，其给每个贫困地区一种“产业”，或者一套“扶贫体系”，并盘活整个地区，帮助该地区脱贫。

文章结束之前，我们再看一组数据吧。荆楚扶贫网指出，截至2018年年末，28个国定贫困县支行各项贷款全年净增47.6亿元，通过发放产业、项目融资以及建档立卡贫困户三类扶贫贷款，2018

① 鄂农文化．重磅！农行湖北分行“四大行动” 服务深度贫困地区脱贫攻坚［EB/OL］．（2019-04-16）［2020-07-23］．http://hbfp.cnhubei.com/2019/0416/408916.shtml.

年新增带动5.1万贫困人口减贫增收，农行累计实现带动脱贫人口17.5万人。[①]

如今，湖北省不少贫困县都已经摘掉贫困帽，这里面也有农行湖北分行的大功劳。

① 鄂农文化．重磅！农行湖北分行“四大行动”服务深度贫困地区脱贫攻坚［EB/OL］．（2019-04-16）［2020-07-23］．http://hbfp.cnhubei.com/2019/0416/408916.shtml.